なあむ博多ブックレット

日本人の作法

霊《よし》元《もと》丈《じょう》法《ほう》 著

海鳥社

日本人の作法◉目次

老いの作法

死の作法

人はなぜ死ぬのか

テーマは「日本人の作法」ですが、私は行儀作法の専門家ではありません。お見かけ通りの坊主です。ことに曹洞宗——禅宗の一派ですから、抹香臭い上にかた苦しい話になるかもしれません。

敗戦後、「ひもじい思いをさせたくない」、「すきま風のない家に住まわせたい」と、日に夜を継いで築き上げた日本が、今、壊れようとしています。

家と家庭が破壊し、先祖の縁が絶たれて、親戚・家族がバラバラとなり、孤食・孤立・孤独の時代が始まりました。しかし、今ならまだ間に合う。戦争を知り、産土《うぶすな》の故郷を持ち、古き良き日本を体験された方が残っておられるうちに、どうしても伝えなければならないお話しをさせていただきたいと思います。

福井にある曹洞宗の大本山永平寺は、禅宗の厳格な修行で有名です。七百五十年もの間、日常の一挙手一投足を厳しく指導しています。

開祖の道元禅師という方は、朝の洗面から食事作法、入浴や排便の仕方まで懇切ていねいな作法を書き残しておられます。それを私たち僧侶は「威儀即仏法《いぎそくぶっぽう》・作法是宗旨《さほうこれしゅうし》」として大事に伝えています。

「威儀即仏法」とは身を正して釈尊を供養するのが信仰者の務め、「作法是宗旨」は釈尊の言い伝えに従って信仰生活を送るのが仏教徒、ということです。簡単に言えば、決められたことを決められた通りにちゃんとやっていく、それが「人間の根本理念＝ダルマ」（宗教、おおもととなる規範）だというのです。人としてしなくてはならないことを、一つひとつきちんと済ませていく、それが人生だということです。

つまり「日本人の作法」とは、〝日本人はどう生きて、どう死んだらよいか〟ということです。

私たちはすでに生まれていますから、生まれについては今さらどうこう言えないので、いただいたままの命を生きていかざるを得ません。生きていれば病気にもなります、年もとります。中には運よく病気にもならず、高齢までカクシャクと生きてうらやましい大往生を遂げる人もいます。しかし必ず死ななければなりません。

でも、死は未来のことですから、どうにかなります。いや、どうにかしなくてはなりません。

そこで永遠の命題「人はなぜ死ぬのか」から始めます。

これだけでも一年間話しても、恐らく種はつきません。というのはなぜか。人生いろいろ、人によって全部違うからです。

ところで、本当に死は平等でしょうか。

「人間の死亡率は一〇〇％」。私がまだ若いころに聞いた花山勝友先生（浄土真宗僧侶、仏教学者。一九三一－一九九五年）の話です。確かに人生で一〇〇％確実なのは死だけです。でも、平等かどうかは分かりません。天寿を全うして死んでいくのと、死刑や事故死、殺人や自殺が平等な死と言えるのでしょうか。

人は確かに死にます。「裸で生まれて裸で死んでいく」というけれど、なんだか死に方は平等でないような気がしてなりません。

だから最初に、「人はなぜ死ぬのか」ということを私たち日本人がどう捉えてきたのか、きちんと押さえてみようと思います。

自分の死を実感できない

実は、私たちは自分の死を自分で感じることはできません。そうでしょう。自分は死んでいるのだから。その後の、人は死んだらどこへ行くのかも、自分には関係ないですね。皆さん方がどこに行こうと、それが良かったとか悪かったとか誰にも伝えることはできないし、葬式の仕方が気に食わないと化けて出る力もないでしょう。

でも、随分と先回りして、お墓を建てたり、息子たちが祀ってくれないと家が途絶えてしまうとか、いらぬ心配をしている人が多いようです。

これから先は、何も心配しなくても大丈夫です。若い者はきっと骨を粉にして博多湾にパッと撒いて終わり。それが嫌だったら、こうしろと命令して、公正証書でも作っておいてください。ついでに「そうしないと化けて出てやる」と言っておけば大丈夫です。

先ほど言いましたが、人は自分の死を実感できないのです。それと同時に、自分の人生は自分のもので、誰もそれを代わって味わうことはできない、評価することもできません。たとえば、痛みをどう言葉で伝えても、医者は患者の痛さを分かってくれないでしょう。それは医者自身が痛いわけではないからで、現実の痛み一つ伝わらないのです。

喜びだってそうです。二人で喜べば喜びが倍になると言いますが、それは嘘。喜び方が違うのだもの、相手がどういうふうに喜んでいたかなんて永久に分からない。きれいな言葉であっさり済ましているけれど、自分の人生は自分でしか生きられないし、生きてきた満足も自分でしか分らないという大きな壁にぶつかります。

すると、そこに「自分の命だからどう生きてもいい」という極論が出てきます。

「なぜ人を殺してはいけないのか?」と面と向かって問われた時に、私たちは「うっ」と答えに詰まります。

これは実際に数年前に小学生が大人にぶつけた問いなのです。これは大変だと、大きな問題になりました。その後、教育改革が始まりました。文部省も一生懸命頑張って研究会をやっていますけれど、残念ながら答えられていないのです。

「なぜ人を殺してはいけないのか?」

ここでは、生命そのものが自分のものでなく、大きな宇宙の流れ(神や仏と呼んでもいい)に委ねるものだ、とだけ言っておきましょう。

死は理不尽・生も理不尽

今、お話ししたように、死は生まれたことによって生じます。私は人生をマラソンにたとえてきました。どこに向かって走ろうと勝手です。もちろんゴールは決まっていませんから、いつ止めてもいいのです。休んでもいい。もちろん先にゴールしたほうがいいということではない、スピードを競うのではありませんから。

ただし、ゴールの後の表彰式には自分は出席できません。だから金メダルをもらっても嬉しくない。その上、いつどこでレースが中断になるか分からない。スタートしたばかりのところで、「お前、止めろ」と理不尽な「死」というストップがかかる。まだ走りたいと言ってもダメですね。

最近もっと困るのは、もう走りたくないと思っても、それでも這ってでもいけ、最後は転がってでもいけ、何ならチューブでつないで引っ張ってでも行くぞと、走らせる。寝たきりであっても、否が応でも生かされる状態が出てきました。だから、私はこれまでマラソンに人生にたとえていたのだけれど、ちょっと変えなくてはならないなと思っています。

仏教では人が死ぬということは、輪廻《りんね》、つまり生まれ変わり死に変わりの苦しみの輪から離れて、禅宗で言えば兜率天《とそつてん》、お釈迦さまがこの世に生まれる前の仏さまの世界へ戻っていって、苦しみから離れ、もう二度と生まれ変わり死に変わりをしない最高の状態を言うのです。それを「成仏」とも言うし、「浄土」とも言うのでしょう。

でも、あの世のことはどうしても絵空事です。

ただ一つ言えることは、死ぬ瞬間に、おそらく自分が行くところはとても素敵な場所だ、いいところだとイメージしないと、そういうところには往けないのだろうと思いますね。

つまり、良いイメージがもてるように人生を終わることが必要なのです。究極の「死の作法」とは、逝く人と送る人のイメージを協和させることではないかと思います。

枕飯をなぜ炊くのか

お葬式ができると枕経に行きます。そうすると、なぜか枕辺に枕飯というご飯が盛ってあるのです。あれはなぜご飯を炊くのでしょうか。死んだらもういらないじゃないですか。でも炊いているでしょう。「おれはパンにステーキがいい」と遺言してもだめ——枕飯がないとお腹がすいてあの世へいく力が出ないということでしょうか。

でも、あのままのご飯って喉が詰まって喰えないのではないかと思うのです。例えばお塩をつけて握り飯にするとか、たくわんを横につけておくとか、おつゆをつけておくとか、そういうセットで差し上げないと、食べられませんよね。

では、枕飯とは何なのでしょう。どうもお召し上がりくださいというのではないみたいです。なぜならば、箸が上に立ててあるでしょう。あれは食うなということですよね。民俗学を研究している人から、あれはお墓の形だと聞きました。日本人は六十歳の還暦になると、一応の人生をまっとうできたということで、赤いチャンチャンコを着て乳児に戻ります。その時同時に自分の墓所を決めるのです。四隅に竹を張りまして、そこに砂を盛って丸くして、自分が使っている杖を立てるのです。その形を表しているという説があるそうです。これは俺の眠る所だ――だから一本箸です。今は割り箸といういいものがあります。割れば一本が二本になる不思議な箸ですけど、便利です。

死んだ人に対してなぜ飯を出すのだろう、食わせるためでなければ何なのか、という疑問ですが、その理由は、私の地方に昔から伝わる臨終作法から知ることができます。

亡くなる直前に竹の筒にお水を入れて置きます。これは死に水に使う水です。もう一つ竹筒があって、その中にはお米が入れてある。何だと聞いたら、お米は「振り米」だというのです。この振り米には、安らかな死を迎える作法が伝えられていました。

実は、私の住んでいる高千穂地方は、二〇〇五年の大水害で川底まで洗い流されて、護岸の基礎がやられました。十年たってもまだ直っていないところがいっぱい残っています。その被害で高千穂鉄道も廃線になってしまいました。東国原英夫さんをもってしても、こればかりは無理でしたね。

昔から貧しい地方で、お米は税金でもあり、とれた分は全部出してしまわなくてはなりませんでした。少し種籾《たねもみ》に残しておくだけで、自分の口に入ることはなかったのです。葬式の時の白飯ぐらいのもので、お祭りの時ですら、なかなか白米はいただけなかったのです。

振り米とは、そういう時代の話です。米を用意して竹の筒に入れ、余命いくばくもないお年寄りの耳元で、振って音だけ聞かせるのです。「さらさら、さらさら」と音がします。その時にお年寄りが、「ああ、おれの家にもまだ米があるか。米さえあれば大丈夫だ」と、ニッコリ安心して息を引き取ったのだそうです。

しかし、病人が出たからといって、簡単に白米を食べさせるわけにはいかないのです。それだけ貴重な種籾ですから「お前がよくなったら、明日これで銀飯を炊いてやるぞ」などと軽々しく約束はできません。明日生き返ったら、銀飯を炊いてやらなくてはならないから、そのタイミングがむずかしく、ぎりぎりのところまで振ってはいけないのです。それほど米が貴重だった時代には、振り米が励ましの、元気づけの、安心させるためのお米だったということが分かっていただけたと思います。

いのちをよみがえらせる米の力

枕飯のもう一つの説は、仏典に出てきます。

お釈迦さまのご臨終は、鍛冶屋のチュンダが布施した食事に当たったことが原因です。激しい下痢が続き、もう危ない。天の神さまたちがすわ一大事ということで、「お釈迦さまは百歳までの寿命をお持ちであるが、まだ八十にしかなっておられない。あと二十年の余命があるから、これを至急食べさせなさい」と言って届けられた蘇生の妙薬が、お米です。「香米」と書かれています。

お釈迦さまの枕もとに届けられたのは、おそらくインドのアッサムにあった白米系統のお米だったであろうと思われます。今でこそジャポニカ種の真っ白い大きな粒のお米を食べていますが、昔の日本人はみんな黒米とか赤米、だいたい陸稲系のお米を食べていました。その名残で今でもお祝いの赤飯を作る時は、小豆で色をつけて昔の赤米の色にするのですよね。

お釈迦さまに「香米を食べるとよみがえりますから」とお勧めしますと、「私は人として生まれてきたから、そんな仙薬で生きようとは思わない、人として一生を終えたい」と、お食べにならなかった。

お亡くなりになった時に、香米はよみがえりのお薬ですからみんな食べたいのですが、これはお釈迦さまだけのものだから食べちゃならんぞと言って、一本箸を立てたというのが、もっともらしい説としてずっと言われています。

だから皆さん方も、「延命拒否」の場合は、椀飯の必要がないかもしれません。枕飯はあくまでも、どうぞ生き返ってくださいますようにという願いを伝えるためですからね。

さて、なぜお米が蘇生の妙薬として使われたのでしょうか。お米は、一粒当たりの大地からのエネルギーを蓄える力が穀物の中で一番大きいのです。しかも栄養素が豊富ですから、塩と少量の野菜を合わせて摂っていれば、十分身体が維持できる素晴らしい食品です。

そうなのだ、お米にはいのちを甦《よみがえ》らせる力がある！　と思った時に、私たちがやっている多くの儀式に、お米をなぜ使うのか合点がいきました。

ある地方においては、お墓にお米を撒く習慣が残っていて、「水の子供養」と言います。洗い米に野菜を切って混ぜたりします。かつては日本中で行われたのですけれど、自然を汚すというので最近あまりしなくなりました。インドではお米と一緒に花を混ぜて撒きます。お説教をなさる方たちは、あれは鳥獣に布施をするのだと言われますが、どうでしょうか。私はそれよりも、お米の元気を撒いて天地のエネルギーを引き出す力を欲しがったのではないかなと思います。

つまり、お米を撒くと、ご先祖さまが眠っていらっしゃる墓地が活性化するわけです。ご先祖さまがお力をお持ちになる、引いてはその子孫が栄えてくると、解釈をさせていただいています。

死は気枯れ

よく死が「穢《けが》れ」だと言います。浄土真宗系の方は、人間の死は穢れじゃないのだから塩をお葬儀に使うのは止めよう、とおっしゃっていますが、「穢れ」というのは、「汚れ」という意味のほかに、「気枯れ」という意味があります。

なぜで死んでいくのか、昔の人は分かりませんでした。恐らく気が枯れて、生気がなくなってしまう状態を死と考えたのでしょう。病気だって「気」が病むのでしょう。

そうしますと、生気を甦《よみがえ》らせるためにエネルギーを入れないといけないわけです。それが臨終に欠かせないお米であり、お水であり、お塩であった。こう考えてみると、いろんな疑問が解けてきます。

まず塩は汚れを落とすためなのでしょうか。では、飲み屋さんの前の盛塩、あれも汚れを落とすためでしょうか。お客に汚れを落としてきれいな体で入れというわけではありませんね。「この店へ来るとエネルギーをもらって帰れます、ここは清まっていますよ」という意味です。

昔は「清らかに肥え脂ぎる」という言い方をしました。「清らか」には生気がみなぎるという意味があったのです。

さらに「清め＝気強め」とすれば多くの疑問が解決します。

お酒だってそうです。お米から造ったお神酒《みき》も神の酒と考えるより、「美気《みき》」、気を美しくするものと考えたほうが、よっぽどいいでしょう。だから気を美しくするから数杯はいいのですよ。杯を重ねすぎると気が行き過ぎてしまいます。

神社での清めの水も手の汚れを落とすのではなく、手に潤いをもたせて、心と体の内からミズミズしくさせるためなのです。これが分かると、清酒・清水・清涼・清明・清貧、みんなひと味違います。

塩は人間を元気づける

神主さんが清めに御幣《ごへい》を振ります。あの御幣は塩水を撒いて清めるためだったという説があり、最初は海藻を使っていたそうです。後に海水を布に浸して使うようになり、今では白い紙に切り込みを入れてお祓いの神事をいたします。

塩水がどうして穢れ払いになるのか、なぜ生気を取り戻す法になるのかを考えてみましょう。

塩は人間にとって必要なものです。約四十億年前、海中で生命体が誕生しました。そこが源ですから、人間の体液は生理的食塩水と同じ浸透圧なのです。だから生き物には水と塩は欠かせないわけですね。

最初に禊《みそぎ》をしたのはイザナギノミコトとイザナミノミコトで、阿波岐原《あわきがはら》で死のケガレを浄化しました。阿波岐原は宮崎市の日向灘海岸のすぐ近くと伝えられています。小門《おど》の川は汽水域で塩水混じりだったと思われます。禊ぎには真水より海水の方がより効き目があったようです。

お塩をなめるとピリッとするでしょう。疲れた時など正気に戻りますね。相撲取りも派手に塩を撒きますが、必ずなめて気を引き締めます。日常でも塩で洗ったり、磨いたりします。金属を腐食させる塩も、逆に磨き剤として使うと真鍮などピカピカに光ります。

もちろん殺菌や発酵止めにも使いますが、それよりももっとすごい使い道は、生気を取り戻す使い方です。なぜキュウリを塩揉みにするとおいしくなるのでしょうか。汚れを落としたからおいしくなったわけではありません。アクをとってキュウリの命（うま味）を引き出したからなのです。だからいただくと私たちも元気が出るのです。

つまり、塩は汚れを落とすためだけではない、人間の気を丈夫にして元気づける、そういうものだったから、お葬式で使われるようになったのです。

そう考えると、なぜ神道で神棚に塩を盛り、その横に生米を盛るか、これもよく分かります。塩も米も両方とも我々に生気をくださるから、本来下げたら必ず使わなくてはなりません。捨ててはいけないのです。仏教の供養の時にはすべて煮たもの、調理したもの、すぐに食べられるものをお供えいたします。ところが神道では生ものを供えます。これは、後で食べて神気を受けるためです。

私の妻の叔父は奈良の吉野神宮の宮司の息子でした。亡くなってお葬式に行きましたら、通夜に大きな鯛がデーンと上がっていました。後で神主さんに「どうしましょう」とたずねると、「お刺身かなんかにして食べてください」と言われて、さばいてもらって通夜の酒を飲みました。仏教の通夜の肴は、精進なますか、せいぜい煮染めで、昔は刺身では飲めませんでした。

神主さんは祝詞《のりと》を上げて、生もののお供え物に神さまの力を下ろすわけです。だから、氏子さんたちに、どうぞこれを料理してお食べなさい、神さまのお力が籠もっていますから、と勧めます。これを「神人同食」と言います。神と人と同じものを食べて力を共有する。人と神とは切っても切れない関係だということを表しています。

もう一つの清めは、お水です。水で口を漱《すす》ぐといいますが、「漱ぐ」とは「磨く」という意味があります。また「禊」は身を削いでつややかにすることで、つまり汚れを落とすというよりも、若々しくするわけです。きれいにするのだったら昔だって米ぬかの洗剤があったのだから、それで丁寧に洗ったでしょう。しかし、禊はザブッと浸かって上がってくるだけだから、そんなに汚れは落ちません。冷たい水は、浴びるだけで特に寒中では全身がカーッと真っ赤になって身が締まります。

ところで、平安時代の女性の方々はあまり湯浴みせず、体を拭くくらいしかしていませんでした。十二単は寝る時は掛け布団代わりです。だから夜着であり外套であり、いろいろに使ったらしいので、あまり清潔じゃなかっただろうなと思います。そのころの女性たちは清めに何を使っていたかというと、お香でした。お香を焚きしめることをもって清めとしていたのです。

こういうことをいろいろと考えていきますと、日本人が死に臨んで通夜を大事にしたのは、忌まわしい死神から故人を取り戻す決意、同時に私たちの命をもっと燃え立たせ、死神や病魔を撃退して、世代を引き継いでゆく決意の表れだったからです。お葬式は、決して汚れを落とすための式ではないし、まして汚れたものを捨てる式ではなかったのです。

さらに言うと、この方にもっと生きていて欲しかった、できることならば、もう一度元気な姿を、素敵な声をよみがえらせて欲しい、もっとたくさん活力をいただきたい、そういう最後の願いの場だったのです。その上で行きたくない世界に行かなくてはならない人を、「よくがんばってくださった、ゆっくり休んで欲しい」との未練を絶って送ったのです。

それがいつの間にかお葬式は、捨て去る、忘れる、縁を切る、そういう場になってきたような気がします。

欲の固まりを捨てるお賽銭

穢れは、日常生活でも日本人にとって大事な意識でした。

日本人はお金は不浄である、と考えました。金を持つと不幸になる、だからなるべく持たないようにしよう、というのが日本人の品格だったわけですね。それで、江戸っ子は宵越しの金は持たなかったのです。

その金を持ってしまうと、変なことになってしまいます。考えてもごらんなさい。たかだか百年生きるのに何千億円もいらないでしょう。人間楽しくおかしく生きていくのには、三億円あれば十分です。昔、白バイの格好で強盗した人がいたけど、とうとう捕まりませんでしたね。あのころは三億円あれば毎食寿司が食える、全部使い切れないと大騒ぎになったものです。

神社に参った時、皆さんお賽銭をあげるでしょう。何でお金を投げるのですか。お小遣いをあげる時に投げてみてごらんなさい。子どもだって怒りますよ。あまつさえ、「ご縁がありますように」と神さまにたった五円。「ご縁が十分にありますように」と五十円。それで何を願うのですか。「きれいになりますように」と祈るけど、五十円できれいになりますか。シワとり手術は三十五万円ですよ。厚かましいと思いませんか。私が神さまだったら絶対願いを叶えてあげない、それより罰を与えてやる。

あれは願ってはいけないのです。なぜなら、お賽銭をあげるのは自分の心を清める作法だからです。心身の整え方なのです。

塩を撒くのを悪魔払いと誤解したように、お賽銭をあげるのは願いを叶えるためだと信じている人がいます。違います。あくまでも、お金という〝欲のかたまりの象徴〟にすべての垢をつけて捨てるためです。捨てて神仏に清めていただく。そうすれば自然に清々《すがすが》しい身体になるから、その分、自分に福がつくのです。

祈願のために賽銭を投げるのであれば、投げた途端に、功徳どころか黒い雲を背負って帰らなくてはならなくなります。そもそも神仏に金銭あげて願って、叶えてくださいと取引してはいけないと思いませんか。

それに賽銭を祈願のお礼とするならば、いちいち願いを申告しなければ悩みが分からないような仏さま神さまは、もともと願いを叶えるほどの力はありません。御前にぬかずく者の悩みが何か、たちどころに分かる。そんな神仏に祈るべきです。

賽銭や喜捨は身心を清める作法だと、合点していただけましたでしょうか。

ただで渡れる三途の川

日本の作法のもう一つの原点は武士道です。武士道では「潔さ《いさぎよ》」清廉潔白が大事です。「武士は食わねど高楊枝」と見栄をはりました。

武士の俸給は実際には何両何分とお金で払っていましたが、禄高は何石、何俵、何人扶持という扶持米の米高で表しています。お城から米俵をかついで帰るわけじゃないですよ。あれは人の格を金額で表してはいけないからです。日本がおかしくなったのは、亭主の価値を月給で評価するようになってからだと思います。労働は、西欧では「神が人に課した罰」ですが、日本では「人が神に捧げる奉仕」なのです。

そうは言っても、たった一つ大事なお金があります。それは何かというと、お葬式の時に故人に待たせるお金、三途の川を渡るための料金六文銭です。最近なぜかお棺に六文銭を入れませんね。まだ三途の川を歩いて渡れる橋がかかったという連絡はきていないのですが。

でも、なぜ六文銭だったのでしょう。実はこの六文というのは〝通夜の油代〟なのです。庶民は銭をほとんど持っていませんでしたが、室町時代から、神棚に六文だけは置いてありました。神棚においてあった六文銭は、お通夜のお灯明代だったのです。

かつてのお葬式はお通夜で終わりでした。時代劇を見ても、みんなお通夜に集まって、その時にお坊さんに来ていただき、お経を唱えてもらいます。一晩明かして翌朝、棺桶を担いで墓に埋めにいくだけです。

昔はみんなが仕事を終わってから集まってやりました。うちの田舎でもそうでした。三時ごろから手分けしていろいろな葬具を作って、墓穴を掘って、煮炊きして。だから葬式を出せるのは夜十時くらいです。ところが今は昼の日中に、仕事を休ませて、人々を呼びつけて祭壇飾りをして葬式を出します。

その昔、そういう葬式ができたのは、村長か地主か大きな商家の主人しかいませんでした。それは葬式が後継者を世間に公にする大事な場だったからです。だから喪主は会葬者が千円包んできたら、十倍くらいの引き物をつけて、充分飲み食いさせていたのです。今は葬式代が二百五十万円だ三百万円だと大騒ぎしますが、祭壇つきはそれほど格式の高い葬式なのだから、葬式代を出し惜しみしてはいけません。でなかったら、昔通りに通夜葬式で、親族と近隣知人と和尚さんとでしんみりとやったらいいのです。

お葬式は、あまり派手に鳴り物入りで出すものではありません。かつては葬式の香典で四十九日ができ、忌明けの法事の包みで初盆を済ませ、初盆の上がりで一周忌ができました。火事と葬式は無条件でお手伝いをして、その家を存続させる必要があったのです。

とにかく今の葬式代はあまりにも高い。昔は六文あれば葬式ができたということを覚えておいてください。お米一升と通夜用の菜種油を持って、みんなが駆つけてくれたから、その六文銭も使わずに済んだ。そこで、冥土銭として持たせてやったのです。

でも、三途の川原の脇には奪衣婆《だつえば》がいて、身ぐるみ剥いでしまうのですから、お金を持たせたって渡し賃にはなりません。昔から、三途の川はただで渡れるんです。忘れないでくださいね。心配しないでもあそこはただです。大丈夫です、有料橋もかかっておりません。ただし渡ってから先は閻魔様《えんまさま》次第です。

死は心の作法の問題

横浜市の本山で二度にわたって足かけ十年、九州の辺境（高千穂）で三十年坊さんをやって、田舎と大都市の葬儀の移り変わりを観てきました。そこで自分の中で見えてきたかなと思うことがあります。

私もあの世があるなんて思えず、とにかく死ねば終わりだろうと思っていたのですが、坊さんを長くやっていると、業務を離れても、やっぱりあの世はあるのだなと思い始めました。なくてはならないのだと思う気持ちも強くなりました。

私の父親の最期の時のことです。お盆を過ぎたくらいから昏睡に入りまして、それからだいぶ保ったのですけれども、一切人為的な延命策はとらないとお医者さんに言っていたので（医者と坊主の約束ですから、これ以上強いものはありません）、もう自然に任せようということにしました。痛みをとるモルヒネだけは使ってもらうことにしました。いくら意識がないといったって、伝える方法がないだけで、痛いのは痛いと思います。

昔から近しい人の間では、あの時が別れだったのだなと思う時が必ずあります。今がその時だと分かればいいのですけど、聞きたいことや知っておきたいことがいっぱいあったのに、死んでからしか分からないのですね。

そういう時が父親にもありました。亡くなる三日前のことでした。

ちょうど私が見舞いに行きましたら、空中に印を切って、引導を渡して喝と言ったり、「弾指《たんじ》」といって指をパチンと鳴らすお祓いをするなど、病室内は大変な騒動です。しかし次の瞬間、父は正気に戻って「あの世はすごいことになっているぞ。もう魑魅魍魎《ちみもうりょう》がいっぱい。迷っている奴ばかりで、どうしようもない。俺はあの世へ行ったらとても忙しいから、お前が呼んでも手伝いには来れんぞ。その代わり俺があの世に行った以上は、おまえには指一本触れさせせんから、思い切って頑張って坊さんをやれ！」と、そう申しますから、ああその通りなのだと素直に信じました。そして父がこの世に未練を残さぬように送ればよい、と安心できました。

お坊さんのお葬式だけは遷化《せんげ》式と言い、葬式とは言いません。遷化ですから、教化の場所がこの世からあの世へ移るだけです。お坊さんの葬式はお見送りの式です。だからたくさんのお坊さんが来られます。誰か「あれだけいい加減な坊主だったから、こんなにたくさんの坊さんに送ってもらわないと成仏できないのかな」と言った口の悪い人がいましたけど、そうではなくて、あれはお見送りだから大勢のお坊さんが来てくださるのです。そして「頑張ってください、向こうの世でしっかり布教してください」と励まします。私たち僧侶は、あの世での仕事がこの世の内に内定しております。

皆さんたちの残りの人生は、定年したあと特にすることはないでしょうし、死んだら、また気の遠くなるほど何もすることはないので、大変ですよ。六十過ぎたら、せめてそれから死ぬまでの間だけでも迷わぬための過ごし方を少し考えてみませんか。

残る一大事は葬式です。ゴールを葬式と決めて、エンディングノート作りをしましょう。

まず、皆さまの葬式をしてくれる可能性が高いのはお連れ合いですが、特に奥さま方には手遅れの部分が多いから、ご主人はひたすら謝った上で、お任せするしかありません。それより、生きている内に棄てられないように、夫婦で行きたいところに行き、食べたいものを食べて、二人で共有する思い出をいっぱい作ってください。

それが叶わぬ方は、男も女もですが、足腰がしっかりしているうちに、集会、会合、イベントに、三人そろっらあの人は必ずいたと言われるぐらいに、顔を出しましょう。

最初ににこやかに笑って、握手して、元気な声で挨拶をしたら、あとはひたすら聞いてあげること、決して否定しないこと。会話の苦手な人は「ウソ！」「ホント？」を繰り返していれば大丈夫です。

そして、いつもプレゼント用の小物を持っていてください。百均で探してみてください、たくさんあります、若返ります。また、今では人間よりペットが上の家庭もありますから、そういう人には犬猫用の餌は欠かせません。

次に、子どもに対してですが「もう何もせんでいい、捨ててくれればいい」なんか絶対言っちゃダメ、ホントに捨てられます。「こうしてくれ。費用は○○を充てよ」と文書ではっきり言い残します。これで息子は嫌でもきちんと葬式をします。葬式は出したい、しかしどうしていいか分からない、聞いてないから、知らないから、現状は葬儀社任せです。

さて、老後はどうやってて生きていくのでしょうか。人間は恥をさらしながら生きていきます。自然界のものはみんな生きる必要がなくなったら死ぬのですが、人間だけ生きる必要もないのに生きていかなくてはならないのです。だから、生きていたらあとは恥をかくだけ。

恥をかかないようにするには、人さまから喜ばれるように生きていかなくてはいけません。「あれだったら生かしておいてもいいな」と、みんなが思ってくださる。そういう生き方が大往生には必要です。自然界では人間に「俺は当然生きる権利がある」のではありません。

死は、実は〝生き方の問題〟なのです。死の作法とは、どう生きたかなのです。生きてきた何を後代に伝えたいのかという〝心の問題〟なのだということです。

人はなぜ死ぬのか。それは永遠に生きるためです。限りある命を無限に進化させるためです。葬儀で生きてきた人のエネルギーをいただく時、ネガティブだった人生が反転してポジティブになります。そして人は不死鳥となります。

次回は、この生命の連続をつなぐ「愛の作法」について考えてみます。

【死の作法の要点】

生まれたから老・病・死という苦しみが始まる

――生きていく以上の苦はない。ひたすら生きていけばいつか苦にしなくなる。

生も死も、いちばん大事なことは他人任せ

――親を選んで生まれることはできない。死んだらどうなるかもまた神仏任せ。

生き死にに善悪はない

――いいことをしたから長生きするとか、前世の悪縁で不幸な人生を歩んだという証拠もないし、過去は一切気にするな。

生の果てに死があるのではない

――生は生で完結し、死は死で別世界だから、過去を思い悩む必要はない。今を思い切って生きなさい。

死は大きな命の流れに戻っていくこと

――煩悩の肉体を去る時、大きな安らぎに包まれるから、死に急ぎをするなかれ。

大往生には人に好かれる老後の人生をおくる

――老後は生きる権利が有るではなくて、生かされているのが楽しい。

[仏教語から出た言葉]

ドナー

仏教徒の最も大事な心がけは四つです。

一、布施＝与えよう、物でも心でも

二、愛語＝かけあおう、慈しみの言葉を

三、利行《りぎょう》＝分け合おう、喜びも悲しみも

四、同時＝共に進もう、理想の世界へ

中でも布施が一番ですが、ほとんどの人は「お坊さんにあげる金品」か「お経代」と思っています。だから包む方は少ない方がいいし、受ける方は多い方がいいのです。

ところが「布施」は仏教語ではダーナと言って、自分ができる最高のお礼のことです。中国では旦那や檀那と訳され、施主として財を寄進して、寺を建て僧たちを援助する仏教庇護者のことでした。

日本では江戸時代に全ての家がどこかの寺に所属することとなり、日本中の父親がみんな旦那になり、「法事にいくら包もうか」という程度に金額が落ちてしまいました。

このダーナが西欧にとり入れられ、キリスト教の寄付者ドナーや、慈善団体への献金ドネーションとなったのです。特に近年は臓器移植によって、いわば命を贈る最高の寄付者「ドナー」となって「布施」は本来の名誉を回復しました。

ちょっとあの世へ行ってきました

皆さん方も一度や二度は死にかかった経験をお持ちでしょう。私は平成二十年春、三度目の死の体験をしました。

大本山總持寺《そうじじ》に二度目の役寮上山をして半年後、貫首大道禅師の春季の大授戒で本山布教部長として説戒師を勤めました。全国から僧俗合わせて二百名を超す上山の方々を迎え一週間の戒会が勤まります。早朝三時半より九時まで禅師さまに密着してお仕えし、禅師さまのお心を戒弟の皆さまにお伝えする気の抜けない日々でした。

無事終わってすぐに帰寺し、四日後は昌竜寺最大の大般若会です。久しぶりの檀家参りをした延岡からの帰途、八峡《やかい》の大橋にかかりました。

高千穂街道218号は断崖絶壁を走ります。地元ドライバーは全員眠気がさしたら路肩で仮眠をとります。落ちたら即死の道だからです。私はこの坂を下りて橋を渡れば寺までもう五、六分と思った途端、眠りに落ちていました。次の瞬間ドーンという音と、赤い物を跳ね上げて、再び意識を失いました。

どのくらいたったか、目は開きませんが、周りは明るく、体はとても軽く、夢心地です。「ああ、死んだんだなあ」と思いました。

死ぬととても楽でした。まず本堂の借金返済はありません。明後日の法会の御札も用意も考える必要なし、後継者は長男に決まっています。百二十年歴代悲願の本堂は再建されましたし、僧としても永平寺の大遠忌委員や總持寺の布教部長と、九州から初めてのお役をいただきました。思い残すこともありません。

でもエアーバックが外れると、現実が見えてきました。何とかドアを開けて車外に出ると、ワゴン車は「く」の字に曲がり、橋の標柱と配電盤ポールに挟まれて止まっていました。下をのぞくと、赤いコカ・コーラの自販機が道路に落ちています。もしかして人ははねていないかと青くなりましたが、その気配はなくホッとしました。自販機が赤だったので、とっさにブレーキを踏んだようです。

でも、次の瞬間、本山詰めだからと車両保険を外したことに気付いて、ぞっとしました。

駆けつけた総代長は、事故車を見て「和尚は葬式だな。二日後お寺さんは集まる予定だからいいが、でも本山から偉い人が来るんだろうな。俺は何と挨拶すればいいんだろう」と悩んでいたそうです。

ともあれ、眼鏡で顔をちょっと切っただけ、脳波も異常なし、打ち身もなく湿布薬一つ出ません。結局、予定通り大般若会を勤めました。霊験あらたかと例年の五割増しの御札が出たのが、怪我の功名となりました。

四苦八苦と言っても、生まれたから、あとの七苦が生じます。結局、生苦だけが問題です。生苦を苦にしなければあとは自然に治まります。だから苦の人生を生ききったら、死が訪れた時、人は安らかになれます。全ての苦から解放されるのです。その時、お釈迦さまの死をなぜ「涅槃《ねはん》（ニルバーナ＝究極の浄土）」と言われたかを理解することができました。

しかし、たった一つクリアしなければならない掟があります。それは「死の直前まで真摯《しんし》に生きること」です。

愛の作法

四苦八苦とは

私はこのシリーズで「生老病死《しょうろうびょうし》」の「四苦」を語りたいと思っています。

本来は「四苦八苦」といって、さらに「愛別離苦《あいべつりく》」愛する者と別れゆく苦しみ、「怨憎会苦《おんぞうえく》」は逆にいやな人とも付き合わなくてはならない苦、次に「求不得苦《ぐふとくく》」欲しい物が手に入らない苦、最後に「五蘊盛苦《ごうんじょうく》」人間の本能に由来する苦の四つを加えて「八苦」となります、十二苦ではありません。

この八苦はどれをとっても「自分の思うとおりに物事が運ばない苦」です。

動物だったら悩まないし、人間だけが悩み苦しんだあげく人を殺傷したり、自らの命を絶ったりします。逆に言うなら、人間をやめて犬になれば（私の家では猫が王さまですから猫になれば）解決します。つまり、四苦八苦は、人として生きるのに避けられない苦ということです。

前回は必ず受ける「死苦」を説きましたので、今回は八苦の元凶「生苦《しょうく》」を考えましょう。

人は生まれて、相手を見つけて、子を産んで育てて、重大な事故や病気にあわなければ、やがて老いて死にます。男と女がいて、好悪の感情が芽生え、どうもそこからあらゆる苦楽が雲霞《うんか》のごとくわいてくるようです。

釈尊は、この世で生きることは何かに執着し、誰かを愛することではないかと気づかれました。そして城を捨て、妻子を捨て、あらゆる束縛を捨てて、出家されたのです。

そこで「生」を「愛」と読み替え、世界の仏教の中で唯一、結婚が認められている日本僧が説くべき問題として、「愛の作法」を語ります。

日本の僧は破戒僧

まず、現代の日本の仏教は、釈尊の仏教ではなく〝日本教〟と言った方がいいくらいです。なぜかというと、二つの大きな理由があります。

先ず、出家者は生臭ものを食べてはいけないのではないか、ということです。禅宗の寺にも「葷酒《くんしゅ》山門に入るを許さず」と刻んであるくらい当たり前のことです。葷とは魚肉はもちろん、ニラやニンニクのように匂いのきついもののことですが、現実には「坊主の口は竈《かまど》の如し」といって、何でも食うと言われます。

「本当は肉を食ってはダメじゃないか?」と、どこか心の隅で思っていませんか。皆さんの目線が厳しくて、僧服を着て焼肉屋には入りにくいし、さすがに活き造りの魚を食べる時は、私も戒を破っているのでは、という疑問が残ります。

実は、これは日本の祈禱仏教が坊さんに課した戒で、釈尊は肉でも魚でも、布施された食事はすべて召し上がりました。そして「生臭いとは魚肉を食うことではなく、いただく命に感謝しないで食事をすることだ」とお示しです。

もう一つ、決定的なのは、お坊さんが結婚していることです。

日本以外の仏教は〝不犯《ふぼん》（異性と交わってはならない）〟ですから、明らかに破戒です。でも親鸞さまは、はるか千年も前に複数の妻を持たれています。蓮如さまはもっとたくさんの妻子を持たれ、その実子たちが真宗王国を造りあげました。

そこで、妻帯といういちばんの破戒僧が、どのようにして現代に至る日本一の大教団を造りあげたのかを、「愛」の面から解き明かしたいと思います。

あの世は行ったきり

まず第一章の続きから始めましょう。

私たちは生気が果てる死に際に、臨終作法として生気を取り戻す清めの作法をいたします。実はこの清めには「禊《みそぎ》」と「払《はら》い」とがあるのですね。これはイザナギとイザナミの愛の神話に由来しております。

イザナミはどんどん国土を生み、様々な神さまを生んでいくのですが、最後に火の神を生んで、その火傷が原因で死んでしまいます。イザナギはどうしても亡くなったイザナミを連れ戻したいと思い、黄泉《よみ》の国に行きます。

黄泉の国と現世（現《うつ》し世）との境の坂を「黄泉比良坂《よもつひらさか》」と申します。そこを越えて死の世界に入っていったイザナギは、イザナミを見つけます。その時イザナミは、私の姿は死の世界の食べ物を食べて変わりきっているから絶対見るな、というのです。「見るな」と言われると、男は見るのです。「鶴の恩返し」だって、見るなと言われて、見なきゃいいのに見てしまうでしょう。

あまりにも変わりはてたイザナミの姿に、イザナギは怖くなって命からがら逃げ出しました。そうすると、地獄の軍勢・黄泉の国の鬼たちが追いかけてきます。ようやく逃れたイザナギは、坂に出て穴をふさぐことができました。イザナミは恨んで「あなたの国の人を一日千人殺す」と呪詛しました。それに対してイザナギは「いとしい人よ、それでは千五百の子を産ませよう」と言って二人は別れました。

しかし、これで黄泉の国とはもう二度と行き来ができなくなってしまいました。つまりこの日からよみがえりはなくなったのです。あの世は行ったきりになりました。

ここで面白いのは、人間は死んだらどこに行くかという問題です。

「行った先」ということを、残った人に伝える方法はないでしょう。本来はいいところに行こうが、悪いところに行こうが、伝えようがないことを詮索しても意味がないのですね。

日本人は裕福になって、お金で命さえも買えるようになってしまい、本当は考えてはいけないこととか、やっちゃいけないこととか、いわゆる神の領域にまで手を伸ばし始めました。

昔は人生五十年で、五十になると世間から一歩引いて、後進を指導する。六十は還暦で赤子に返り、以後は儲けものの人生を楽しみました。だから行くべき世界のために寺や神社のことを受け持ち、長老として精神的にゆっくりと過ごせたのではないでしょうか。でも今は六十歳で定年を迎えてからの人生が長いのですよ。私も七十歳だから、そろそろ隠居して悠々自適といきたいですが、年金が目減りして七十歳でも遊んで暮らせません。その日暮らしのお金の苦労が続いています。しかも最近は、強盗への用心のほか、振り込め詐欺の心配までしなくてはなりません。高齢者を狙った犯罪の多いことに驚きます。

昨今は普通の家庭でも、大人が三人いたら三人みな働いています。昔は父親が一人働けば、五人や十人の家族を楽に食わしていたのですが、今はそんな父親はいません。今の日本人は裕福かどうか疑問です。

数年前ドイツに行ってきました。お城や宮殿などの観光地に行くと、六十を過ぎた方々が博物館や美術館のボランティアガイドとして頑張っているのです。ドイツ人のボランティアは、正規の職員よりずっとうるさいですね。日本の博物館では大きなバッグを下げて入っても何ともいいません。ドイツでは収蔵品を持って帰られたら困るから、そういうものは全部預けて行け、何センチ角以下でないとバッグを持って入っちゃいけない、一生懸命測って「これはOK、これはダメ」と言っています。全員ボランティアなのです。老後の生きがいはこれなんだな、と思った次第です。

六十歳を過ぎたら、稼いではいけないのです。今まで食わせていただいた分をお返ししなくてはならないのですから、奉仕しましょう。豊かな割には、それだけの蓄えがないというか、気持ちの余裕がないというか、あるいは、できの悪い息子がすねをかじりに来るのか。でも、ヒマがあってテマがかけられるのが、老人の特権です。経験がない素人でもできて、そのうえ感謝されて、少しでも社会に還元できるボランティア活動は、愛される老人への第一歩です。耳の痛い話ですから、これは「老苦」でじっくり語りましょう。

死んだらどこへ行くのか？

私たちは死んだらどこに行くのか。昔の日本人は、神々の故郷・高天原《たかまがはら》へ戻りたかったようです。私の住んでいる高千穂も高天原にいちばん近い場所とされています。

イザナギ、イザナミの神話の続きですが、イザナギは黄泉の国の穢れをいっぱい受けて、この世に戻ってきます。そして阿波岐原で水垢離《みずごり》をしてお清めをします。これが禊ぎで、〝身をそぐ〟からきていますので、かなり重傷の穢れです。その時、鼻を洗って生まれたのがスサノオノミコトです。左目を洗った時に生まれたのが天照大神《あまてらすおおみかみ》ですね。

これは日本の創世記の神話ですから、日本人だったら常識として知っていなければなりません。真実かどうかは別問題です。私たちの先祖はそう理解したと知ることが大事です。さらに、右目を洗った時に生まれたのが、夜を支配する月読命《つくよみのみこと》なのですね。こうして日月が定まりました。

スサノオは高天原で乱暴を働いて姉の天照の怒りをかいます。その時にスサノオが自分の罪を清めたのが、お祓いの始まりなのです。

天照はスサノオを下界に降ろして、「罪を祓《はら》ったら戻してやろう」と言ったのですが、スサノオは下界の女と結婚してしまい、とうとう出雲の国に居ついて戻れなくなります。それで冥土に続いて今度は高天原への道も閉ざされてしまいました。

そうすると、高天原に近い「高い山」が日本人の戻る安楽郷になるわけです。それが日本人の死生観に取り入れられ、死後の魂は霊山に行くこととなります。後にその山を守ったのが修験道の山伏たちです。

結局、神話の日本人は、愛のゆえに「高天原」という光に満ちた神々の世界も、「冥土」という暗黒で静かな再生の世界も、共に失ってしまいました。

肉体があるから罪を重ねていく

亡くなった人を墓地に埋めに行くのですが、そのことを「墓地送り」とは言わないで「野辺《のべ》送り」と言います。つまり山に近いところに死体をさらします。田舎に行くと山の中にもお墓がありますが、あれは死体をさらした場所なのです。これを両墓制と言って、さらした場所と遺骨を拾って埋めた所、この二箇所にお墓を作っていました。「四十九日」は、日本で遺体が腐って白骨化する日数です。

私たちは生きているかぎり仏戒を守れませんから、仏にはなれません。なぜなら仏教の第一戒は不殺生です。しかし私たちは命あるものを食べていますから、毎食罪を犯します。愛欲も物欲もすべての欲がこの肉体から発生し、罪を重ねていくのです。生存競争のこの世では、食わなきゃ生きていけない。他の命を奪わなければ子孫を増やせない。たとえ釈尊といえども涅槃（清浄なる仏国土に戻るの）は、生を終えた瞬間でないとできないのです。

そこで、罪の根源となった肉体を山野にさらして、身の穢れをきれいに捨て去ってしまうのです。先祖代々の墓地だと肉体が腐って溶けて墓地を汚してしまいます。同じ意味でインドでは火葬、鳥葬で骨にしました。その白骨の状態をもって、日本人は「仏さまになった」「成仏した」と言ったのです。

日本人はあの世のことを「草葉の陰」と言います。大地に戻る、土に戻るのがもう一つの私たちの行き先です。それは土には新しい命を再生する力があると考えたからです。

ところが、インドのヒンズー教徒は、ガンジス川に死体や遺灰を流します。なぜガンジスに流すのでしょうか。川に流すと遺体は最終的に水に溶け、海に出ます。海では、竜神が竜巻となって、その海水を天空に持ち上げ、その天空にできた雲が遥かヒマラヤに雪となって降り、「神々の座」に納まるわけです。神々の座ヒマラヤから流れ出るガンジスは、澱《よど》んで濁って不潔であっても、神聖なのです。また、海の中から魂を天空へ持ち上げてくれる竜は、仏法の守護神でもあり、私たちを救ってくれる究極の神さまですから、大事にするわけです。

いろいろな書物を読んでみますと、仏教が入るまでの日本人には、〝帰っていく場所〟は明確でなかったのだろうと思います。あるとすれば、おそらく「草葉の陰」でしょう。「草葉の陰」ということは、そのへんにいるのだよということでしょう。

縄文時代では、赤ちゃんが生まれてすぐ死ぬと、早く帰ってくるようにと住まいの近くに埋めました。子どもは甕棺《かめかん》や土器に入れて埋めたようです。それ以外は亡骸《なきがら》でしたから捨てました。縄文時代の貝塚からは人骨も出てきます。

でも時代が下がると、生きている内に権力を持っていた人ほど、死ぬと強くなってあの世から帰ってくると思ったので、閉じ込める必要があった。奈良の石舞台は、古墳時代後期の古墳です。石舞台のように大きな石で覆って巨大な塚を作ったのです。普通の人でも身動きできないように先の尖った甕棺に入れたり、足を折ったり縛ったりして埋めたので、日本の幽霊から足がなくなったと言われています。

人から仏に生まれ変わる

仏教では「人に生まれること難《かた》し」と言います。

私たちはなぜこの世に生まれることができたかと言うと、長年の願いが叶ったから、と説きます。浄土系では極楽に往生することを「願生《がんしょう》」と言いますが、一般に願生とは、人間の世界に生まれて仏になりたい、ということです。

仏教では、すべての人間が生前の業因によって生死《しょうじ》を繰り返す六つの迷いの世界を「六道《ろくどう》」と言います。地獄、餓鬼、畜生、阿修羅、人間、天上の「六道輪廻《ろくどうりんね》」の苦の世界から脱することができるのは、「人間」が最終段階だからです。人間から仏さまになれるか、また落っこちていくか、せめて阿修羅界か天上界でリベンジを待つかの、ぎりぎり一杯のところです。

不思議と六道の頂点の天上界からは、仏さまの世界には行けないのです。天上界は満ち足りて苦のない世界だから無理して仏になる必要がありません。人間界からじゃないと成仏できないのがミソなのですね。

せっかくの縁をいただきながら、生まれられなかった命（水子）もあります。私の寺にもよく「水子の供養をして欲しい」と言ってこられます。私はその時に、「水子がたたるというけれど、そういうことはありません」と説明します。

水子となった赤ちゃんにとっては、親との縁を結んだけれど、宿った自分が人間として生まれてこなかったことで、親が苦しむのが実はいちばん辛いことなのです。なぜなら、親が産むというけれども、仏教では「子どもが願った生」という一面があるからです。だから親は、子どもの性別一つ選べません。そこで大事なことは、次に立派な赤ちゃんを産んであげること、または産んであげられる恋愛をすること。それが本当の水子供養になるのです。

私たちの〝人生〟は、生まれてくる前と死んでいった後との闇に囲まれた、真っ只中の光が当たったところにあるのです。

自分の人生は暗闇の中ですから、輝かさないと闇に埋没してしまいます。生きていることを主張し続け、喜び、楽しまないとダメなのです。輝かせるのは〝愛〟です。その人間の愛で命が時空を超え、次の世代へつながっていくのです。

残念ながら動物では、その次の世代へ命を続けていっても、「愛を受け取っていく」とは言えないのです。行く人を惜しみ、残る人をいつくしむ。その時に、あの世とこの世に大きな橋が架かります。

心は形あるものにして残す

私たち坊さんがしなくてはならない大事なことは、お釈迦さまからいただいた仏法を一人でも多くの人に伝えることです。しかし一方で、仏法は一個半個で（数は少なくても）確実に弟子へと綬けるものです。量より質だ、数を増やして次の世代へ伝えようなんてことを思っちゃいかんと、よく師匠から言われました。釈尊の時に完結した教えだから、そっくりそのまま渡せばいいというのが、正しい仏法相続の作法です。

私たちは財産を金銭や土地でできるだけ多く相続させようとします。とくに戦争で丸裸を経験した人たちは、一つより二つ、さらに安心なように三つと、少しでも多く渡そうと思っています。しかし欲をかきすぎると、転んで全部失くして、何にも渡すものはなかったということになります。これは道に外れています。

それより以前の、子だくさんで食えなかった時代は、物や金で残せなかったから、愛情で育て、生活や世渡りの手段となる身過ぎ世過ぎの技術をつけさせて世に送り出しました。

今、日本中で、「心」とか「愛」とかばかり言っているでしょう。「あいちゃん」という名前の人はいっぱいいます。「愛さえあれば」とか「心さえあれば」とか言うのは、愛を失う原因であり、心を失うもとなのですよ。

自分の母が入院していても、「私のことは何も心配しなくていいから商売をしっかりやれ、と母に言われました。なかなか忙しくて病気の母親の見舞いにも行けません」。そう言う人に限って商売は左前なのですよ。これは「心さえあれば」といって、礼儀作法も社会儀礼も、親孝行までもかなぐり捨てた結果です。未熟な男と女のできちゃった結婚で、その破局率、離婚率が三分の二というのでしょう。愛も心も実体がないから移ろいます。

それを定着させて伝えよう、きちんとした形あるものにして残そうと思って、日本人が頑張ってきたのが「型」です。「形式＝儀礼」なのです。

色に出にけりわが恋は

愛を形で証明するのは難しいから、平安時代はどうしたかといいますと、和歌を詠みました。愛の心を和歌にして相手に伝えたのが『万葉集』の「相聞歌《そうもんか》」です。『万葉集』にはほかに「雑歌《ぞうか》」とは「挽歌《ばんか》」があります。「免」は日が暮れるという意味で「お弔い」のことです。その「免」に手偏がついて棺を引っ張る時の歌になったのです。人生の黄昏《たそがれ》になって、消えゆく命を三十一文字《みそひともじ》という言霊《ことだま》に留めたわけです。

相聞の「相」は見るということで、「聞」というのは手紙のこと。手紙のやりとりをして、消息を確かめ合うという意味なのです。移ろいやすい愛を、何か形にしたい、形にして愛を伝えたい、という思いだったのでしょうね。

愛はひそやかで、そっと思っているもの。知られてはダメなのです。恋のほうは違います。「色に出にけりわが恋は」になります。恋には男女の愛欲が絡みます。このことを忘れてはいけない。

一方で、いとおしいというのが親子の情愛。これでもかこれでもかというものではありません。心にくるんで秘めている、大事に思っているよと、そういうものだったのです。

今時の愛や恋は、時所をかまわずメールで交わしているのだから、もっと伝わってもいいと思うのですが、伝わらないんですね。それは心が伝わってないからです。それに相手の心を読むのも下手になりました。愛や恋は、相手の心を読まなくてはいけません。壊してもいけないし、つけ入れられても困る。これが駆け引きというものです。

日本の歌は、人の心を種としているといいます。移ろいやすいはかない人の心の中に命を吹き込むのが和歌です。挽歌は、亡くなっていく人のその命をこの世にとどめ、心に定着させたいために詠みます。

形としてその人を大事に残しておきたいから、苦労して「言霊」に遺します。今では「保存」というキーを押せばいいでしょうが、それではダメで、自分なりの言葉で、自分なりの世界にきちんと取り込まなければならないと思います。

死んでいくのは、次の人を生かすため

大事なのは、「死んでいく」つまり消滅が、次の人を「生かす」再生になれば、命は連続し永遠につながるということです。

先が短い方は喜んでください。死ぬことは次が育つということです。死んでも死にきれないでは、次は望めません。逆に、死ななかったら次が育たない。だから喜んで死んでください。死は自他共に再生のチャンスなのです。

私もそうですが、皆さんたちも今さらどんなにあがいたって、今以上のものにはなりません。でも死んだら次は違う。私たちがいなくなったら、もっと世の中はよくなるはず（?）です。

天皇陛下はご臨終の時、承継する儀式を死の床で後継者と二人きりでなさいます。それで皇太子はきちんと神性を引き継がれるのです。

僧が弟子師匠の契りを交わす時は、一緒に一晩籠もります。曹洞宗の僧は釈尊の何代目かがはっきりしています。父は釈迦から数えて八十七代、私は八十八代目です。香を焚き、代々の弟子の名を書き、三拝します。延々とお拝《はい》を続けて、未明、八十八代に自分の名をしたため、師匠へお礼のお拝をします（お拝とは「おがむ」ことです）。だから、曹洞宗のお葬式では亡くなった方の仏門入門式（剃刀当て《かみそりあて》）をし、〇〇代弟子として浄土へお送りいたします。

戒名とは、仏戒を受けて釈迦の弟子となった証《あかし》の名前です。葬儀では仏としてお見送りしますので、戒名の上に二文字「仏名」をおつけし、信士・信女など位号を加えた六文字になります。

この臨終作法は一般にも行っていました。昔は「依《よ》り代《しろ》」と言って、枕もとに青木（常緑の木）を生けました。つまり、早く次の世に生まれ変わるためには、魂が完全なままで肉体から離れることが必要です。その生気を移しとるものが依り代です。その依り代の木の表面を削って、そこに名前を書いたのがお位牌の始まりと言われています。

日本は不思議な国で、外国から入ってくるものをみんな変えてしまいます。豆腐がそうです。中国のお豆腐はチーズみたいで、お世辞にもおいしいものと思えません。同じ豆を使っているのに日本のものとは似ても似つかない。湯豆腐は中国の豆腐ではできませんね。箸は寸胴丸棒の先を尖らせて、切る・刺す・挟む・掬うを可能にし、結局ナイフとフォークと先割れスプーン代わりに使えるようにしました。あれも日本人の工夫でそうなったものですね。生バンドの演奏はカラオケに、ステレオを携帯ラジオにして、最後はウォークマンを作るし、全くすごいと思います。

意外でしょうが、いちばん変わったのは、日本では坊さんがお葬式をするようになったことです。

もちろん釈尊は死をニルバーナ（安穏の浄土）と捉え、遺骸（肉体）を捨て去るものとしたのですから、当然葬儀に関わりませんでした。日本でも平安時代までは僧は官僧、いわば国家公務員で、国体の安全、天皇、貴族の安泰を祈願祈禱していました。死不浄に対して特別の力があると目されたのですが、死人に関わると「物忌み」で出仕ができません。つまり人の最大の苦（死）にタッチできなかったのです。

その壁を打ち破ったのが、比叡山に入れなかった禅僧や念仏聖《ねんぶつひじり》という私度僧《しどそう》（公的認可のない僧）、さらに比叡山を下りた法然・親鸞なども積極的に死不浄を超えてお弔いまで入っていきました。この結果、僧が葬儀を司祭するという希な仏教になりました。

お陰で庶民の宗教になりましたが、現在でも南方仏教国はもちろん、お隣の韓国でも葬儀に僧は関わりません。ただ例外もあり、アップル社の共同設立者の一人、あの有名なスティーブ・ジョブスは曹洞宗でお葬式をしました。

生きる糧を相手に任せて食欲を断ち切る

仏教の一大変革は、日本のお坊さんが結婚をしてしまったことです。

食欲と所有欲と性欲、この三つの煩悩は非常に強力なのです。

釈尊が説かれた原始仏教では、人からのお恵み物だったら何を食べてもいいと、托鉢に頼りました。生きていくためのいちばんの根、生きる糧を相手の好意に委ね、あなたが食事を恵んでくれなかったら自分は生きていけないという立場に自分をおきました。自分の生き死にを相手に任せることで、食欲を克服したのです。

これと同じ立場で生きているのが、赤ちゃんです。それなのに最近は、信じて任せたはずの母親が、面倒くさくなると壁に投げつけて赤ちゃんを殺したりするのですから、世も末です。

次の所有欲、これは「三衣一鉢《さんえいっぱつ》」と言いまして、下着・上着・外出着（兼夜着）の三衣と食事をいただく鉢以外、坊さんは財産を持ってはいけないということで、これも克服できました。

ところが最後の性欲、これだけはお釈迦さまをもってしても決定的なことはできなかった。なぜならば第一に「子孫繁栄」という大義があるからです。否定すれば子孫が絶えます。でも仏教の本質からいったら「悟って死ねば仏になって輪廻が終わる」という名分があります。

釈尊が恐れていたのは、羅睺羅《らごら》という息子がいたことです。釈尊自身も跡取りをもうけなければ城を出られませんでした。羅睺羅が生まれてようやく出家されたのです。けれども羅睺羅がまた結婚をして子どもが生まれますと、はっきりいえばどんどんどんどん煩悩の種が増えてくるわけです。これは釈尊の矛盾したところです。

もう一つはヒューマニズム、男女が愛しあうことがなぜ悪いことなんだということです。これにはお釈迦さまはどう対応したかというと、還俗《げんぞく》させるより仕方がない、お坊さんを辞めて在家にもどりなさい、と言うしかありませんでした。

釈尊をもってしても愛欲に関しては、こんな煩悩は一つでよかった。二つもあったら誰も悟りを開くものはいないだろうと嘆かれました。結局、最終的には危うきに近寄らずで、愛欲でどろどろの状態になるのを避けます。そのために、異性からなるべく遠ざかることしかできない、と消極的です。

マイナスをプラスに転換

この出家と性欲の問題は、日本に入ってくると一大展開します。ご承知のように、親鸞さまは「悪人正機《あくにんしょうき》（善人なおもて往生をとぐ、いわんや悪人をや）」で、その解決策をはっきり示されました。善人が往生するのは当たり前じゃないか、本当に救われるべきは悪人のほうだ、とおっしゃったのです。

実はこれが一大展開をもたらした大逆転の発想です。「煩悩即菩提《ぼんのうそくぼだい》」。これは天上界に生まれて悟りを開くのではない、人間界からしか悟りを開いて仏の世界へ入っていけないのだということ。つまり、煩悩に苦しむものでないと悟れないということです。煩悩が悟りの種なのです。だから煩悩の強い悪人こそ救われなくてはならないという、そういう親鸞の思想が確立するわけですね。

愛の問題においても、まったく同じ理屈です。私たちすべてのものが、仏の種を宿しているという「悉有仏性《しつうぶつしょう》」の仏教の中にあっては、愛はいちばん昇華しにくいものだから、輝きはそれだけ素晴らしいということです。

マイナスのエネルギーを大きなプラスのエネルギーに転換しなくてはならないというのが、仏教の考え方だと私はとらえております。マイナスをマイナスのまま終わらせるのは、誰でもできることなのです。

一般に仏教はマイナスの宗教だと考えられておりますけれども、本当はプラスにしてこそ意義のある宗教なのです。だから、鎌倉幕府がお前は破戒坊主だから坊さんの資格を取り上げると言った時に、親鸞さまは「自分は非僧非俗」であるとおっしゃった。非僧非俗は僧でもない俗人でもないとよく言いますけども、私はもっと自由な立場だと思うのです。坊さんと俗人の両方の生き方ができるのですから。私は親鸞さまはとっても自由な立場に入られたのだと思います。それで九十一歳の長寿を全うできたのでしょう。

それ以前に、一休さんが遊女と遊んで煩悩即菩提を、かなり強烈な方法でアピールなさるのですが、そうではなくて庶民と一緒に普通に歩いていきますということですね。

親鸞さまが非僧非俗を宣言して最初になさったことは、布施を受けないことです。これはあまり知られてないのですが、「不受布施」といって、これから私は僧ではないから布施を受けないとおっしゃいました。布施を受けなかったら食べていけないだろうと思うのですが、かつては「一人口は食えないが二人口は食える」と、夫婦の協力で生活ができました。だからこそ妻が必要だったのかもしれません。

明治になって「妻帯、勝手たるべし」という布告で、今では各宗派のほとんどの僧が結婚しています。これが残念ながら、一歩間違えると破戒から無戒になり、聖職者であるべき僧がいつの間にか〝業者〟になってしまう。陥りやすいその一線のところが、いつの世でも微妙なのです。

しかし大乗仏教の本質は、親鸞さまの中にあるように、両方の極を捨て、人々と交わって僧俗として一緒に仏教を実践することにあります。

結婚の「結」はムスヒ

さて、結婚の結というのは、縁を結ぶということです。愛の作法で重要なのはこの結ぶ儀式です。また「昏」というのは暗闇でしょう。右の目を洗った時に生まれた月読《つくよみ》は夜の神です。しかも真っ暗な新月の日を知らせ人々を護ってくれます。羅喉羅という釈尊の息子の名も、月を食う悪魔のラーフラから名づけられそうです。なぜ自分の子に月を食う悪魔という名をつけたのでしょう。おそらく月もない暗黒に再生をみられたのではないかと想像しています。

私たちは再生する時に、籠もるところ、人の眼から閉ざされている真っ暗な暗闇が必要です。そこで熟成されて朝日が出た瞬間に生まれ変わるのです。古代、お産の時に産屋を建てて一人籠もったのも、そのためです。

結婚の結は結合すること（まぐわい）ですが、天照大神があの世との接点の結界からこの世に出ると、つまり陽を産むと、夜が明けます。昔は依り木でその境を示しました。

松竹梅に清める力がある

あの世とこの世との接点を示す依木には松・竹を使います。天女の羽衣が松にかかっていたように、松はあの世とこの世とを結ぶ象徴で、能の舞台には松が置かれます。松明《たいまつ》として暗闇を照らすこともできます。松の葉の針は魔除けとなり、厳寒の常緑は強力な生命の象徴です。

竹はお寺の施餓鬼会《せがきえ》の時に飾ります。神楽《かぐら》の時にも竹を用います。竹は草でもない木でもない。だからあの世でもないこの世でもない、その中間のものです。しかも天に向かって真っ直ぐに伸びて、天と地を結びます。だから、七夕で願いの短冊を吊せば願いが天に届くとされます。笹には殺菌の効果がありますし、きれいなものと汚いものを分けることができるから、竹カゴを魚の魚籠《びく》に使ったりします。また刑場で罪人を処刑する時の竹矢来《たけやらい》は、竹でないといけません。罪人の世界とこちらの世界とを分けなくてはならないからです。生垣《いけがき》を竹で組むのは世間という不確定な世界から、内なる自分の世界を守るためです。残念ながらブロック塀にはその力はありません。

もう一つ、梅は香りが命です。香りは洗っても磨いても清めることのできない世界、心とかあの世とかを清めることができます。それが冬のさなかに枝から直接花を咲かせ香りを放ちます。さらに梅肉は薬となり、梅酢は妊婦の好むものと考えると、ムメ（梅）は産婦とはできすぎでしょうか。

こんなわけで、いちばんのハレの日は松竹梅を門松として立て、年神さまを迎えます。

［仏教語から出た言葉］

ひとりぼっち

「ひとりぼっち」は「独り法師」と書きます。本来、法師とは教団に属さない孤高の僧を指していました。世の乱れた平安末期に京都の大寺は、警備のために僧兵を雇っていました。この僧兵は弁慶のような格好の大男たちです。集団で武装して押しかけては朝廷に理不尽な要求をしたり、他宗を迫害して山法師と恐れられていました。そんな乱暴者もたった一人では何もできません。牛若丸にやっつけられた弁慶のように侘しい後ろ姿です。また僧兵の衣は短くて小僧さんのようでしたから、元気な子をボッチとか坊ちゃんというようになりました。腕白坊主が、お母さんに叱られてショボンとしている様子が目に見えるようです。

法師ほどの人でも人生は孤独です。たった一人で生まれ、たった一人で死んでいきます。どんな苦しみも、痛みも分かってはもらえません。しかも生まれる前と死んだ後に、うかがい知れない深淵を抱えています。どんなに栄華栄誉を極めても、この深淵を埋めて安心することは不可能です。

それを埋めようとしたのが「因果応報《いんがおうほう》（やったことに応じて結果が出る）」です。この世の行いだけではつじつまが合わないので、生まれる前や死んだ後に原因や結果を求めたのです。確かに努力は報われることもありますが、運がいい人は濡れ手に粟で栄華を摑みます。一面の真理ですが、時間を逆転させたり、原因を決めつけることはできません。例えば「大雨で洪水になった」時、洪水の原因は大雨だけではなく、堤防の不備など多くの要因が重なっています。時間の逆転では「赤子が死んだのは母親が産んだからだ」をみれば一目瞭然です。しかし「業《ごう》（行いの影響）」は無数の縁を伴って将来の因となります。

禅では「日に吉凶無し」と言い、その一日を好日にするのはあなただと言っています。

不動産屋、坊さんになる

私は坊さんになるつもりはさらさらなくて、京都大学へ進みました。ところが大学紛争の真最中、授業も金もなく、いささかヒマと時間をもてあましていました。

そこで同期の友人と図り、下宿アパートの斡旋を始めることとしました。

何しろ当時の京都市の人口に占める学生比率はナンバーワンです。しかもウナギの寝床をカーテンで仕切ったような下宿屋ばっかり。一方、日本はオリンピックが成功し、経済復興が進み、学生への仕送り額も倍増してきたころです。プライバシーが保てる個室が望まれていました。

三十万の現金、乗用車、バラック事務所、電話機をポンと無担保で貸してくれた社長がいて、「京都学生協会」がスタートしました。そして半年後には河原町今出川に移り、一年後には学生下宿の七割確保、電話機六台、アルバイト五人を抱え、借金に利子をつけて返すことができました。

すぐに次の事業に取りかかりました。大阪万博の成金農家がいっぱいで、安全な投資先を探していました。そこで建設業者とタイアップして「学生アパート」を開発することにしました。まずオーナーには満室保証、建築会社には学生の望む部屋の設計指導と、建築確認などの円滑な処理でアピールし、大成功!

日本で初めてのシャワーと簡易台所があるワンルームのレディスマンションを造り、四条大宮のマンションから「ケンとメリーのスカイライン」で通学通勤できるほどになりました。

次の事業も決まっていました。「医者のデパート」です。医学部が人気で、サラリーマンの家庭から医者になる人が増えましたが、開業が難しい、そこで郊外に大きな駐車場を持つビルを建て、一階薬局・二階小児科○○階歯科、内科、外科等々、権利金・家賃で開業できる施設をと案を練っていました。

そこへ降ってわいたのが父の病気です。継ぐはずの弟は駒澤大学をやめていて、坊さんになる気はありません。

決断を迫られました。ちょうどリクルートの江副浩正さんが失脚したころです。「こんなボロいことを続けていたら自分もいつかダメになる」と友人に会社を譲り、生まれたばかりの長女を連れて帰ることになりました。

そして一千万円の退職金で、念願のマイホームを寺内に建てることにしました。子どもの頃からいやな思いをしていましたが、田舎のお寺は檀家の物という意識が強く、プライバシーが保てません。冷蔵庫は勝手に開ける、部屋はのぞく、相撲が始まるとテレビのある居間は近隣のお年寄りがいっぱいで夕食も取れません。とくに子育てをする妻には耐えられないと思いました。

かくして、釈尊と同じ二十九歳。数十本のネクタイ、オーダーメイドのスーツにシャツと頭の毛を捨て、妻子を実家に残し、八十五キロの肉を抱えて五十年豪雪の永平寺の山門に立ちました。この日は禅師さまの御密葬の日とかで、三回も帰された僧と共に一発で入門することが出来ました。

即日始まった、三時半起床、一日六時間の坐禅、湯で薄めたお粥にごま塩、細かく刻んだ漬け物。おかげで十日で三十キロも体重が減りました。

病の作法

死を恐れる必要はない

さて、今回のテーマは「病《やまい》」ですが、最初に、これだけは頭の中に叩き込んでおいてください。「死」はピリオドであり、究極の不幸です。予知のすべもなく、事後報告もできません。死の苦は誰にも伝えられず、苦が有るのか無いのかさえ分かりません。「死ぬほど苦しい」も「死んだかと思った」も、すべて本物ではありません。

ということは、死を恐れる必要はないということです。「俺に死はない」と開き直ってよいということです。そういうとヤクザの鉄砲玉のようですから、少なくとも「死ぬ時は死ぬ、それまではやるだけやればいい」と決めましょう。

結局、死は自分の問題でなくて、看取る側の問題なのです。残った遺族が「さぞ苦しかっただろう」「何もしてあげられずにごめんね」と苦しみます。死んだ本人が苦しむのではありません。

それなら、残る人を苦しめないように、元気のよいうちに「ありがとう、大事にしてくれて、いい人生だったよ」と一言言い残してください。特にお連れ合いには、「お前のお陰で俺の人生は最高だった」、「あなたと一緒になれて幸せでした」と、口だけでも罪滅ぼしの気持ちからでもいいですから、できれば今日から毎日寝る前に言ってください。明日、目が覚めないこともありますから。

私は、「病気」は実はリセットのチャンスだと思っています。そう捉えてから、私自身が随分楽になりました。さて、リセットの方法ですが、考えをマイナスからプラスに変えるだけで十分です。というのも、私は実業家から坊さんになりましたから、儲けなくていい世界がこれほど楽しく何でもできるとは思いもしませんでした。それで自分をできる限り忙しくして、できることは何でもやってやろうと決心しました。

例えば、檀家さんに差し上げている「山水《さんすい》」という私の寺の機関紙。田舎のお寺ですから檀家数は現在三百を切るくらいです。最初は、地元の檀家に配っても誰も読まないのではないかと思いました。それまで、お寺からの配り物はほとんど仏壇に直行で、年に二回のお炊き上げの時に、それが出てきていました。開かずに折り目が付いたままですから、読まれていないのは明白です。

初回はガリ版手刷り百部。役員さんと新亡家、そして地元を離れて外に出ておられる方だけに送ることにしました。郷里を離れている兄弟の方や子どもさんの住所を、ご法事に伺った時とかお葬式の時とかに聞いて書き留めておきました。そういう方に郵送で、しかも全部に記念切手を貼って出しました。こうすると、同じダイレクトメールでも印象が強く、開封率が全く違うからです。中には「父ちゃん、早く読んで」と言って封筒をもらい、記念切手を集めていた子もいます。

おかげで三年目の四十号は千二百部を超え、読売新聞の日曜版に「お坊さん通信は全国紙」と半ページの大特集が組まれました。またNHKテレビも高千穂の山寺まで取材に来て、喫茶店説法と共に全国放映をしてくれました。以来三十五年、二〇一五年の春彼岸に四百号を超えました。

個人では珍しく郵便物を大量に発送していましたので、地元の「影の郵便局長」と言われていました。郵便料金なら外国だろうが国内だろうが第三種だろうが、私に聞けばたちどころに分かるくらいになって、観光地でもないのに風景印という特別消印が、このダイレクトメールのために近隣三郵便局にできました。

遠方の方々に送るので、仏教的なことが三分の一。三分の二は郷土の話題。「和尚からの手紙」というキャッチフレーズで出しましたが、当初、寺の役員たちは、こんな難しいものを書いても誰も読むものか、と言っていました。そのうち「和尚さんが言っていることは本当だから、一所懸命読む」と言ってくれるようになりましたので、ありがたいと思っています。

でも、大変でした。お金がないので、出入りの文具屋からもらった瀕死の状態のワープロを駆使して、紙面を作っていました。今はパソコンの性能が上がって、逆に使うのが難しくなりました。三日もかけた原稿が一つの押し間違いで消えてしまい、泣くに泣けないこともしょっちゅうです。こんな日常を続けていると、年に一、二回バタンキューで寝込んでしまいます。

ある日の朝、突然起きられない。その時に、熱が出ることもありますけども、とにかくベッドから起きあがれない。そんな時「今日は仏さまが休ませてくださるのだ、ああ、うれしい」と思うのです。不思議と、その時には予定が入らないのです。二、三日間、何事もない。誠にありがたいと、ゆっくり寝ます。

病気というのは気の病だから、気が落ちているのだな、内蔵バッテリーが弱っているのだ、だから、充電しなくてはいけない。こう気づかせてくれるのが病気なのだ、と思うようになりました。お陰で逆に寝込まなくなりました。最近は忙しくなって疲れてくると、そろそろ病気がこないかなと願ったりします。

だから皆さまがたも、病はひょっとしたら自分の奥底で、心や体が悲鳴を上げているのかもしれないと受け取っていただきたい。そして、リフレッシュだと思ってゆっくり休む。そこからまたやり直そうと元気を取り戻してください。

病気の話はこれで終わってもいいのですが、それじゃあ皆さま方、納得できないでしょうから続けます。

生きる気力を失っている

今の日本人の何が恐ろしいかといいますと、生きる気力を失っていることではないでしょうか。一億総気力喪失状態は、病気よりよほど深刻です。

まずとうちゃん。働く気がしない。出社拒否。

子どもは学校に行く気にならない。不登校、引きこもり、ニート。

かあちゃんもひどい。料理を作る気にならない。食わせるのに疲れた。

うちも危ないのですよ。六番目の子が坊さんをやめて出ていきまして、女房と二人きりになりました。そうすると、食事の質が落ちます。母親は子どものためには一所懸命作りますが、亭主のためには……いろいろです。でも、妻には保険金受け取りという夢が残っています。お気をつけください。

最近、油濃い、塩辛いものをずいぶん食わせるな、酒もやめろと言わないな、と気がついたら、危ない。生命保険の額を確かめてください。三千万が五千万円に上がっているかもしれない。これは冗談ですけど、ちょっと恐れています。

母親は子どものためには、せっせと料理を作ります。私が中学生の時に、家族は田舎のお寺に引っ越しました。母は都市部の寺にいた時に新しい家庭料理を習っていたので、せっかくなので習ったハイカラなお弁当のおかずを教えようと、婦人会の方々をお寺に集めました。若いお母さん方にマカロニやスパゲッティを使った料理とか、子どもの喜ぶタコのようにウインナーを切る方法とか、リンゴをウサギの姿にむく方法などをみんなに教えたのです。そうしたら、檀家のおばあちゃんがビックリして、うちの嫁はお寺の料理教室に行くようになってから、すごいことができるようになったというのですね。何ができるようになったか。うどんに綺麗に穴をあける方法を覚えてきた（実はマカロニのことなのです）ということがありました。

さて、いちばん困るのは、母親が料理を作る気分にならない。それも食べさせたい相手がいないからとのことです。お料理はやっぱり食べてくれる人次第です。その原因は、いかに日本の男が黙って食っているかにつきます。作るのは女房の役目で当たり前だろうと思っているから、ほめません。

料理だけではありません。プロポーズ以後「愛してる」と言ったことがないでしょう。「釣った魚に餌はやらない」と放ってきましたね。欧米だったら離婚ものですよ。自分は料理屋でご馳走を食べているのに、奥さんを一流の料亭に連れて行ったことがないでしょう。おいしいものを食べさせないで、おいしいものを作れというのは、無理です。

今はそのしっぺ返しで、亭主が立ち食いソバを食っている時に、奥さま方はどこかのホテルのランチバイキングをババ友と食べている。また、痩せるためにスイミングスクールにいっているはずなのに、泳ぎ終わるとケーキバイキングの食べ放題。こうやってストレスを発散しています。

小さい子どもも贅沢です。だいぶ前のことですが、「二歳だろ　トロウニ選ぶな　卵食え」というサラリーマン川柳が入選しました。ガキが回転寿司で「ウニ」と言うのですから、恐ろしい。親父のほうはせいぜいしめ鯖です。高くてマグロも食えなくなりました。だから働く気にならないというのも当然。本当は誰のために働くかという問題です。

六十五歳を超すと奥さんはニコニコしてきます。万一、離婚しても厚生年金が半分取れるからです。でも奥さまの方の稼ぎがいいと逆になります。奥さんの厚生年金を、旦那にやらなくちゃならない。どちらにしても「幸せは幸せにしたい人をもつこと」ですから、喜んで差しあげましょう。無人島で七億円当たっても喜べません。

それから若い女性が子どもを欲しがらない。どうして女ばかりが子どもを産んで苦労して育てなければならないのという。あるいは経済的な問題もあって産む気がないのだから、子どもが生まれないはずです。ジジババの出番もなくなりました。

どうしてこう気力が萎えてしまったのでしょうか。おそらく第一の原因は、経済大国になった今でも、「金持ちが幸せ」と思っていることです。

私たちは敗戦で全てを失いました。金も物も家も食糧も乏しい終戦直後に生まれた私たちは、いちばん級友が少ない世代です。親も子も助け合わないと生きていけませんでした。隣近所で、夕食のオカズや到来物がおすそ分けされました。お米貸して、味噌貸して、あるものはなんでも融通し合って済ませました。冬には私を負ぶって仕事をする母に、「背中が寒いから赤ちゃん貸して」と、私も何人かの背で育ちました。お金ではなく「分かち合って」生き延びました。

ところが、経済大国になりお金で全てが買えるようになると、隣近所がうるさく、親戚が厄介で、親兄弟が面倒臭くなりました。さらに一家を代表する家長の存在が弱くなったため、核家族が核なし家族になり、結局、一億総バラバラになってしまったのです。

他の命を奪って生きている

私は戦後の食糧難で、家を護る父親の権威を知りました。「そんな悪さをするやつに食わせる飯はない」の一言で、寒空に閉め出しをくいました。さらに永平寺のお粥で、「人はカロリーや英養素で生きてはいない」と知りました。

食物は、人の命を守るものです。食べる食物の命は、必ず他の命を奪ったものなんだ、喰われるために生きているものはいないのだ、ということが大前提です。

あの〝バーコード食品〟は、売れていくらのものなのです。今、コンビニのお弁当がどれだけ無駄に捨てられていますか。正味期限切れも売れ残りも利用されずに、日本は全世界から食糧を輸入して、その七割を捨てています。世界の餓死者千五百万人、それに対して日本は途上国の五千万人分もの食糧を無駄にしているのです。

まだマザー・テレサさんがご存命のころ、ツアーでインドに旅行してマザーの「死を待つ人の家」それから「子どものための家」を訪問しました。

その帰り道、インドの空港で待たされました。インドは歴史が六千年もありますから、時間はいっぱいあると思うようになるのでしょうか。飛行機が遅れるくらいは朝飯前で、結局、夜通し待ちました。あれは夜十一時くらいのフライトだったのかな。朝の六時になっても飛ばず、結局お昼くらいになってやっと飛びました。十二時間以上待ったのです。

待っていた時に面白いと思ったのは、空港の係員に詰め寄って、どうなっているのだ、まだ来ないのかと質問をするのは日本人だけだったことです。うちのグループも言ってくるのです。私はツアーリーダーだったので、添乗員と一緒に尋ねに行ったところ、インドの空港職員が何と言ったか。「来ない飛行機は飛びません。来たら教えます。うちも商売です。乗ってもらわないと困るから、待ってください」。それはそうだなと思いました。

おかげで、私たちは中継が間に合わなくなり香港で一泊できました。予定外で楽しかったですよ。だけど、「来ない飛行機は飛ばない」というのは見事だったな。任せるほかはないのですから。

ところが、私たち日本人は、お金持ちになったとたんに、任せなくなったのです。何か方法があるはずだと思い始めた。お金の魔力です。漁村の網元・地主の農家・山村の山主も、昔のお金持ちは何でもできるように見えました。それで、お金さえあれば何とかなると思うようになったのです。なければ任せざるを得ません。お金ができた時、お互いに頼ろうとしなくなりました。

インドではマザー・テレサを訪問した後でしたから、誰かが「あっ、マザーが喜ぶ！」と言ったのです。なぜなら、積み込む予定だった飛行機丸々一機分の機内食が全部無駄になるからです。最高級の料理がみんな廃棄処分。しかしマザー・テレサはちゃんと手配していて、機内食を全部もらう約束ができているのですね。それをみんなに配ってあげるのです。

だから私も日本のコンビニで残った弁当や、まだ使える中古品などは、どんどんあげるシステムを作ったらいいと思うのです。

ところが、日本には食事をただで配ってくれるところは少ないですね。欧米では教会が貧しい人のために、期限の切れかかったものや使用しないものを受けつけて、みんなに配るための集中センターを持っています。企業がそこに寄付をすると、税金をその分免除してくれます。教会はそういう活動をしているから、企業が宗教法人に寄付をしてたくさんお金が集まるのです。けれども、日本の宗教法人は葬式や法事しかしないものだから、なかなか認められません。そんな中、曹洞宗のボランティア会（SVA）は税金を免除されて、東南アジア難民の援助を今でも続けています。

豊かなアメリカにも「プアホワイト」貧しき白人と言われる人がいます。日本も所得格差がますます広がっています。路上の車で寝泊りしている人も急速に増えています。月収五万円以下です。年金の最低は五万円くらいですが、それで生活をせざるを得ない人たちがどんどん増えています。営々と年金を積んだ人より、十万円を超す生活保護の方がずっと有利です。

前に「お賽銭あげて願ってはいけない」と言いました。白隠禅師《はくいん》は「神や仏を祈らずとても、直《す》ぐな心が神仏《かみほとけ》」と、むやみに神仏に願わずとも大丈夫と言われています。では、神仏に祈らずに、どのように不安を解消したのでしょう。

百を超すと世界が変わる

昔の人は誓いをたてて自ら「行」をしました。「願掛け」と言って、百日間好きなものを我慢して祈る「酒断ち」「茶断ち」「甘味断ち」や、お目当ての神仏に裸足で百回ひたすらお参りする「お百度参り」などです。日本人は百を超すと、世界が変わると考えたのです。

一生涯食べるに困らないようにと、生まれて百日目にお米粒を食べさせる「百日祝い《ももか》」。お母さんの母乳の世界から、晴れて米を食べる日本人になります。みんなの仲間になるので、歓迎の抱き回しをします。

それから亡くなって百日目。完全に人間世界のしがらみを離れて、仏の世界に生まれ変ります。この百箇日を「卒哭忌《そっこくき》」といいます。

百箇日を迎え、仏さまの世界に入られた方はもう戻ってはきません。この世の未練を断った人に対して、いつまでも「あなたが帰ってこないと困る」と泣き叫ぶのは酷です。仏になった人の願いは、残る人の幸せです。残った人が帰ってきてくれと泣き続けると、仏の世界に安住できないでしょう。

辛いけど悲しみを心に秘めて、普通の生活に戻るために行うのが百箇日の法要・卒哭忌です。

お百度を踏むのもそうですね。このお参りをする時には、いちいちお布施をあげません。ただ無心で行をする。願いもしないでお任せをするのです。お百度を踏むことは、自分を神仏にお任せする行なのです。百回行をすると、世界が転換して願った世界になると信じたのです。自分の願いがそこに実現するわけです。また実現しなくても、それはそれでよかったと納得できるのです。

昔は九十九が最高の数で、長寿の最後のお祝いでした。百がくると、世界が変わって仙人の世界に入ってしまうのです。だから人としての祝いは九十九歳の白寿まで。近年はあまりに仙人が増えすぎたので珍しいことではありませんが、人生五十年時代と比べると倍ですから、神の領域に入ったのでしょう。

金がもの言う日本

非常にかわいそうな例があります。子どものころから頭いい子がいました。喫茶店にも入ったことがない。もちろん女の子とも話をしたこともない。友達も一人もいなかった。親がとことん勉強させて、親子でとにかく一所懸命努力し、見事に地方から東京大学に入りました。そしてわずか一か月後に亡くなったのです。

なぜ亡くなったのか。死因は単なる風邪です。上京して一人暮らし、高熱でも隣の人に助け一つ求めることができなかった。這ってでも訴えられなかった。

たとえ願いが叶っても、こういう悲劇が起こります。それは願った世界が幸せかどうか、神仏にも分からないからです。本当の幸せは、願いが叶うことではなくて、与えられる世界が幸せであるように祈ること。これがいちばんいいのです。祈りは、結果を神仏にお任せします。思ったことと裏腹でも、それを自分のものと受け止めて生きていけます。

だから、宝くじが当たっても幸せは確約されません。宝くじが当たったら、みんな幸せになると思うでしょう。しかし宝くじが当たって幸せかどうかは分からないのです。逆に不幸になる例はよく耳にします。簡単な理屈です。

例えば五人家族に三億円当たったとしましょう。買った父親は三億全部自分のもの（妻に一千万のダイヤでもやるか）、母親は亭主の物は私のもの（でも三千万ぐらい自由にどうぞ）、子どもたちは（父と母で二億、残りを分けると）三千万くらいもらえるな、もうこれで欲の総額は六億五千万。これに親戚が一千万円くらい貸して（返す気はないけど）、知人やご近所はご祝儀におごってくれよ（でないとバチが当たるぞ）と、腐った肉に蠅がたかるように不幸が集まってくる。その上、当たらない人の恨みがこもっているお金が災いをなす — 日本人はそう考えたのです。

「金がもの言う」と昔から言います。まさにその通りで、今の日本がそういう世界になっています。日本では自殺がものすごく増えました。自殺に保険金が下りるようになったのも一因でしょうが、日本の自殺の九十%は経済苦なのです。これだけ豊かで飢え死にする人がいない国で、借金を苦にする自殺が増えています。経済苦が原因の自殺者は、世界で飛びぬけて日本人が多いのです。これは恐ろしいことです。

なぜお金が恐ろしいかといいますと、お金に毒された世界が、日本人の気力そのものをダメにしているのではないかと思うからです。それがお金の持つ魔力です。

だから日本人は、一所懸命それを清める方法をとってきたのではないでしょうか。神仏にお賽銭を投げてあげるのも、欲を静める一つの方法として投げ捨てることで心を清めたのではないか、という気がいたします。

勝たなくても、負けなければ上々

さて、気力を失っていることはもっともっとたくさんあります。

私の親父は、前立腺ガンが脊髄に転移し。全身転移でした。医師からは余命があと半年あるかないかといわれていました。その時に、ある漢方医の方が、病気になるのは心や身体が冷えるからだと教えてくださったのです。漢方では病気を癒す、治すのではありません。

今の西洋医学は年齢、状態に関わりなく治します。しかし、老いは治らないのです。治らないもの、治せないもの、治す必要がないものを、西洋医学は治そうとするので、ややこしくなるのですね。さらに、私たちが飲んでいる薬は、みんな毒です。病原菌が死ぬか、人間が死ぬかの戦いです。でも、人類が生き残ったのはその戦いに勝ったからではありません。免疫力によって勝利したのです。

免疫は、病原菌をやっつけてしまうのではありません。「毒を以て毒を制す」というか、病原菌を抑える程度の有利な和睦を結ぶのです。細菌は殺すことができますが、ウイルスのように物質と生物の中間の異物には人の体はかないません。

インフルエンザがなぜ乾燥した寒い冬に流行るのでしょうか。ウイルスの一部には極度の高温や低温でも姿を変えて生き抜くものがいます。だから環境が悪い時の方が人に感染しやすくなります。そして、細菌より単純で増殖が容易ですから、全滅が難しく、薬に耐性ができて効かなくなる率も高いのです。でも、人の細胞も全滅するわけではありません。体力や抵抗力が強ければ、体外に排出したり、持ちこたえたりします。

免疫療法は異物の毒に馴れた体にして、病気を起こさせない方法、つまり勝たなくても、負けなければ上々という作戦です。つまり自己防衛機能で、これを確保したことで、人類は地球上で安定して繁栄できることになりました。二〇一四年、私も帯状疱疹を患いました。これがみずぼうそうウイルスの生き残りで、こじらせると死ぬこともあると知って、人を取り巻く「神仏の加護と古人の英知」にただただ感謝するのみです。

さて、心や身体が冷えると病気になるから温めなくてはいけません。手っ取り早いのは温泉に行くこと。なので、疲れを取りに温泉に行こうということになるのです。

次は体の中から暖める食べ物でしょう。ドイツでは母親のことを「我が家の太陽」と言います。ドイツの冬は長くて寒いですから、家でいつもスープを温めて待っていてくれるお母さんのことを「ゾンネ（太陽）」と呼んで尊敬するわけです。

では、心を温めるものはいったい何でしょうか。

愛情のこもった食事をみんなで一緒に食べるのがとてもいいのです。しかし今は、これが日本中で最も欠けていることです。「孤食」で、みんなばらばらに食べています。

ビックリしたことがありました。保育所で「朝、何を食べましたか」とみんなに尋ねたら「朝はよくガムを食べます」。先生は聞き違えて、「ああいいことだね、何をよく嚙んで食べるの?」「いいえガムです。チューインガム」。ガムを食べさせて学校に出す親がいるのです。朝食がガムだったら歯磨きにもなると平気です。

今、朝食抜きが圧倒的に日本人の中に増えています。保育所は一時、茶碗が割れるといけないというので、割れないセラミック陶器に変えたでしょう。最近になって割れることを忘れてしまうからと、また普通の食器に戻したのです。そして今度はキレて投げるから、また割れないものに変えています。十時くらいになると、子どもが空腹のイライラから茶碗を投げたり、友達に殴りかかって暴れたりするというのです。原因は朝ごはんを食べていないからです。だから必ず食べさせてくださいと言うと、保育所の前で車が止まって降りてこない。見にいったら、車の中で無理やり菓子パンを食べさせているのです。朝から甘いものは体に悪いのに、と絶句したそうです。子どもが朝食を食べたがらないのは、夜遅くまで起きて夜食を食べているからでしょう。だから朝、食欲がないのですね。

また、売るための食品というのは売れればいいのだから、どうしても味が濃いのです。それに添加物を使います。最近若い夫婦に子どもがなかなか出来ないのは、妊娠可能な精子数が最低限近くまで落ちているからだそうです。先進国の三分の一くらいになっている。その原因だろうといわれている添加物を、日本人はいっぱい取り込んでいます。さらに日本上空は気流の谷間で、ＰＭ２・５などいろいろな化学物質が気流とともに流れ込んでくる有様です。

みんなで一緒に食べる

私の父の話に戻りますが、七十六歳の父には最後まで坊さんをやり通してもらおう、だから入院はさせないし延命治療もしない、と家族で決め、ガン告知もしませんでした。そして食事を見直しました。それまでは、子どもが多いので、油濃いものになるし、ゆっくりできないないからということで、台所も別にしてやってきたのですが、その時からなるべく一緒に食べよう、朝は別々に食べても、晩ご飯は必ずみんなで一緒に食べようと決めたのです。みんなで一緒に食べるのがいちばんいいのです。やっぱり心が温かくなります。

私は家族そろって食事をすることが、親父の寿命を伸ばすと思いました。有り難いことに六年も持ちました。たとえ半年だったとしても、その半年がお互いきっと楽しかっただろうなと思います。

今は多くの家でお年寄りが二人きりです。二人で顔を突き合わせても、夢も希望も会話もありません。「好きだよ」なんて、付き合っていたころ一回言ったかどうかで、誕生日さえ覚えていない。しかも残業、残業で夕飯どころか、深夜飲んだくれて帰ってきて、お茶漬けを食べて寝るだけ。お茶漬けなんか料理じゃないですからね。妻の方は一所懸命夕食を作って待っていたら、また今日も食べてくれない。それでは結局、作らなくなってきますね。妻の手料理は食い過ぎでお腹をこわしてでも、食べなくてはならないのに。

昨今のように二人っきりになることは、男には想定外なんです。最後は二人になることを女性の方は完全に予想していますから、どうせ夫は当てにならないと思って友人を作って耐えています。だから定年退職と同時に、退職金を半分もって「お世話になりました。私も定年にさせていただきます」と出て行くのです。

感謝を忘れない

「健康に生きる」話を先に進めていきましょう。

まず「温かいものを温かい雰囲気で食べる」のが、病気にならないコツです。次に、気力をいただくためには「生きている命をいただく」ことへの「感謝」を絶対忘れてはダメだということです。

禅宗では料理をする和尚「典座《てんぞ》」は位が高いのです。なぜなら〝三つの命〟をにぎるからです。食物という命を料理しますから、まずいものを作れば食物の命が無駄になるし、さらに修行僧たちの命を傷つけます。もっと怖いのは、修行僧は仏の卵です。その心を傷つければ、仏さままでも殺してしまうことになる。まずいものを食うと、人間って心が貧しくなるでしょう。おいしいものを食べると、気持ちが豊かになりますね。明るくなるし、元気になって命が輝きます。だから、料理を作る役目は大事なんですね。

それでは、健康な食事の三要素を紹介します。

『身土不二《しんどふじ》』―― 生活する土地で育つ食物が体に最適です。

昔の人は、主に自分が住んでいるところから三十キロ圏内で採れたものを食べていました。その範囲で採れるものを食べておけば、風土に合っているから、人間はそうそう病気になるものではありません。

そうすると、三十キロを超えたところで採れるマグロは食わなくても大丈夫です。三十キロ以内に牛がいなかったら、ステーキなんかを食わなくても大丈夫です。うちはすぐそこ十メートルに牛がいますから、牛は食べても大丈夫ですよ。

つまり、三十キロ以内というのは、活きのいいものが手に入る、新鮮なままで料理ができる範囲で、新しい気がいただけます。

『一物全体《いちぶつぜんたい》』―― 葉から根まで、皮から骨まで全部使って料理する。

大根は葉から根まで全部で生きています。魚は身だけで泳いではいません。全体を食べれば、全ての栄養をいただけます。小魚は丸ごと食べた方がいいし、リンゴも丸かじりした方がいい。逆に言えば、丸ごと食べられないものは食べなくても健康には影響しないということです。

これが最新の食事学の考え方なのです。道元禅師が会われた典座和尚には、屑漉しに溜まった根っこや皮を集め、煮て食べた方がいました。私の妻も野菜屑を集めてスープを作っていますが、これが意外と美味なのです。

『医食同源《いしょくどうげん》』——きちんとした食事をしていれば薬はいらない。

永平寺では、朝はお粥にゴマ塩に漬け物。昼に麦飯と身のない味噌汁、少々の煮染め。夜は薬石と言って、昔は温めた石を紙にくるんで腹巻きにして暖を取り、食事に代えました。薬石の代わりに今は暖かい物を少し食べます。締めて一日八〇〇カロリーと、通常の半分以下です。それで朝の三時半から夜九時まで休みなしですが、室内が零下でも、火鉢に手をかざすことすらできなくても風邪を引きません。

でも何よりも大切なのは、食事に感謝すること。「いただきます」は、命をいただき、自分の命にするのだと気が付くこと。これが心を温かくする方法です。「ありがたい」は、生産し、運び、料理した人に対する感謝で、この二つに感謝して初めて食物がエネルギーとなります。

「おふくろの味」から「お（御）」という敬語がとれると、単なるレトルト食品のフクロ（袋）の味になってしまいます。「お母さん、ありがとう」という感謝が入ると、かあちゃんは、もっとおいしいものを食べさせてやろうと張り切るわけです。

真っ直ぐ生きる

健康の「健」という字は、人偏に建てるという字です。これは柱のことです。体が真っ直ぐだったら健康です。

坐禅では、まず背筋をしゃんと伸ばせ、頭のてっぺんで天を突き上げろと、指導します。背骨は大黒柱です。だから背筋がシャンとしていることが健康という意味なのです。またそれは、気を真っ直ぐにする唯一の方法でもあります。

先ほど言いましたが、今、日本人が気力を失っている根本は、誰のために何のために、こうすればいいという背骨がないからです。あるいは背骨が真っ直ぐでないからです。

残念ながら、起こっていることに今は誰も責任をとらないでしょう。責任をとるということは、曲がったから、道を外れたから、だから真っ直ぐに対して責任をとるわけです。それを誰も責任をとらなくなりました。曲がったままで不健康極まりないのです。

バブルの崩壊で全国の銀行が倒産しかかった時、不良債権の処理を国民に負わせて誰一人として頭取が責任をとりませんでした（福島銀行だけ別）。あのお堅い銀行が、一円合わなくて残業した銀行が、喜々として政府の援助を受け入れ、未だに低金利という利益を国民からむしりとっています。以来、政治家は元より教育者、役人、実業家、日本中の指導者が破廉恥になりました。そして家庭からも代表者が消えました。責任をとる主人がいなくなってしまいました。

昔はお天道さまに向かって真っ直ぐ生きていけ、背を向けてはいけない、と教わりました。神仏に真っ直ぐ。神仏が見ていてもいなくても、心を真っ直ぐ、姿勢を真っ直ぐ胸を張って行けということです。他人と比較してではありません。自分に真っ直ぐ、心を正すことは身を正すことです。

もう一つは意を正す。これを正しくするには、言葉を正しくしないとダメなのです。今の日本語は乱れているでしょう。すべての乱れは言葉が原因ではないかと思っています。言葉が乱れると心がこもらないのですね。心が言葉と反対のところにあるのでしょう。

生きているのではない、生かされているのだ

みんなお金がなく貧乏だったころは、とにかく食べ物を分け合いました。

釈尊が僧の掟として「人が与えてくださる食物で生きていきます」と宣言したのが「托鉢《たくはつ》」です。あれは食事を「いただいた分しか食べません」ということです。他人がくれなかったら、自分は死んでしまいます。いちばん大事な命を人さまに任せてしまったわけです。僧は好意で生かされている。それはみんなのおかげで生きているということでもあるのです。

日本人がずっと大事にしてきたことは、神さま、仏さまと一緒に食べることです。なぜご法事に生きている者と亡くなった者みんなが集まって食べるのでしょうか。お祭りでは神と人間と同じものを食べて、何をいただくのでしょうか。

霊気をいただくのです。それが肝心なのです。今、私たちの世界からどんどんなくなっているものは何か、病が自分を襲った時に、それに気が付いてほしいのです。

生きているのではない、生かされているのだという現実です。

びっくりする話ですが、学校に給食費を払っているのだから、「いただきます」なんか言わせるなという母親がいるのです。もっと恐ろしいのは「大した食事も出さないのに、『ご馳走さま』はない

でしょう」です。

そこには食物＝餌という発想しかありません。私たちの食事は餌とは違います。食事はありがたいといただいた時に喰われた命が救われます。

食事で愛が伝われば、身体も生かせるし、心も生かせます。それをぜひ学んでいただきたいと思います。

【病の作法の要点】

病気は死を教えてくれる教師のようなもの

——病気は体験できるが、死は想像するしかない。

死の苦しみは、自分ではなく看取るものを襲う

——残る者に生きてきた感謝を伝えるのが死ぬ時しなくてはならない最後の仕事。

分かち合い、助け合い、譲り合って経済大国になった

——誰の世話にもなってない、自分一人でやっていく。それで家庭崩壊、家族消失が始まった。

人は他の命を奪って生きていく

——喰われる命に感謝するのが、「いただきます」「ごちそうさま」という言葉。

おいしくいただけば心が温かくなり、命が輝く

——人は栄養素やカロリーだけでは、空腹を満たすことも健康に生きることもできない。

勝ち取る平和より、勝ち負けのない和解が福を呼ぶ

——病原菌を皆殺しにせず、発症させない程度で折り合う免疫が人類を救った。

［仏教語から出た言葉］ だいごみ

醍醐《だいご》はもともと牛乳を加工してできるチーズのようなものですが、その実態は不明です。一度味わってみたいと、インドへ行くたびに尋ねてみるのですが、要領を得ません。ただ、ヨーグルトやバター（酪《らく》）より上等のクリームか、それがやや固まったチーズ（酥《そ》）としか分かりませんでした。醍醐味とは、この乳製品の最高の味「サルピルマンダ」を悟りの至福の味わいになぞらえています。

ちなみにカルピスはこのサルピルマンダからきています。日本でもこの酥は奈良時代、朝廷への貢ぎ物だったそうです。醍醐味は、今では趣味やスポーツなどの極限の楽しみを表すのに使われます。

ご承知のようにインドでは牛は聖なる動物で、ステーキで食べるのはもっての外ですが、釈尊の時代には牛も食べていたようです。釈尊の前世の物語「ジャータカ」には、牛にご馳走の乳粥を与えて太らせ、結婚式で料理した話が出てきます。うらやましがる弟牛に、前世釈尊の兄牛は「死のご馳走を食べる牛を羨むな、粗末なものを食べている我々の方が長生きするよ」と諭します。

そうすると現代日本の親はせっせと死に至るご馳走を食べさせているのかもしれません。

ところで、山寺の菜園は猪・狸・鹿・兎の襲来で何一つ収穫できません。北国の熊の出没に、ある動物学者が面白い見解を述べていました。彼によれば、山里まで高カロリーの残飯が出るようになり、それを食べて早熟化した雌は、人間の危険を学ばぬうちに子を産み、自然の餌を取る術を教えずに小熊を連れて里に出ていくそうです。

甘い菓子と柔らかな肉ばかり食べて体だけ一人前になり、子育てのイロハも知らず子を産み、育児放棄や虐待をしてしまうコドナ（大人になりきれぬ）親がダブって見えます。

オッパイの貸し借り

私は延岡市の漁師町の寺に生まれ、五歳から寒行托鉢に出ました。「寒いのに可愛そう」と言って父親ではなく、私の頭陀袋《ずだぶくろ》にお米を入れてくれます。しかし、重くて寒くて首が痛くて、ちっともうれしくありませんでした。

でも小学校に入学した時、白米の弁当を持ってきているのは、医者・網元・サラリーマンの息子だけで、大半は麦飯です。中には、おかずが漬け物か梅干しだけの子や、お弁当を持ってこない子もいました。

この時初めて、お米のありがたさを実感しました。あの時のお米の重さは命の重さとして今でも肩に残っています。

小三の冬、頭陀袋にお婆さんが、艶やかな紫色のチョコを入れてくれました。村の駄菓子屋にはありません、帰るとすぐに机の引き出しに隠しましたが、妹の目もあってなかなか食べられませんでした。数日後、医者の子の家に遊びに行きました。おやつにケーキが一個だけ出てきました。たぶん一個しかなかったのでしょう。遠慮すると「いいよ。僕はいつも食べてるから」と勧めてくれました。しかし、一緒がいいと、半分コして「おいしいね」といいながら食べました。寺には葬式饅頭はありましたが、ケーキは夢のお菓子で、それまで食べたことがありませんでした。あまりのおいしさにコッソリ銀紙をなめたほどです。

私はその時、ハッとあのチョコのことを思い出しました。あのチョコはたくさんの孫たちをさしおいてくださったお布施だったことに気づきました。帰ってすぐ妹と分けていただきました。

ギョッとしたこともあります。五年生の時、母から「あの娘とあなたはチチ兄弟よ」と言われて、漁村のオマセには、ただならぬことだと思いました。詳しく聞くと、娘の親のお乳が出なくて、母のをもらって育っただけのことでした。オッパイまで貸し借りをして、この経済大国ができあがったのです。

老い の 作法

死をむやみに恐れるな

死・生・病と話して今日は最後の「老」です。少し生老病死の「四苦」をまとめておきます。まず「この世に産まれるから老病死」という「苦」が生まれます。産まれなかったら「苦」はありません。そこで釈尊は「輪廻《りんね》」という生まれ変わり死に変わりから抜ける「解脱《げだつ》」に気がつかれました。それには「生」への執着を捨てねばなりません。

釈尊は二十九歳で羅睺羅《らごら》という跡取りができたのを機に、城を出て出家されました。以来、六年間の修行の後、当時の極限まで身を苦しめる方法では、全ての人を悟りに導くことはできないと知って、修行をしてきた苦行林を出られました。

村娘スジャータの布施した乳粥で体力を回復し、ブッダガヤ郊外の大きな菩提樹の木陰で坐禅を組まれました。「たとえここで死のうとも悟りを得るまでは二度と立たない」との覚悟です。そして八日目の朝方、明けの明星の輝きを見た時に全てを悟られました。この十二月八日が仏教の聖日で、成《じょ》道会《うどうえ》と言い、寺院では法要が営まれます。

それからさらに一週間、「誰もができるとは言えないことを説くと、かえって人を惑わすのでは」と悩まれましたが、天の神さま方に「説かれれば万人の一人でも悟りを開くことができます」と懇願されて、釈尊は座を立たれました。以来、四十五年間、インド中を巡り歩いて教えを説かれました。

その説法は、俗語を交え、たとえ話を駆使した分かりやすいものでしたから、あっという間に北部インド全体に広がりました。

釈尊の教えの根本は、「死」をむやみに恐れるなということです。

死は誰にでもやってきます。でも死は誰にも伝えられず、経験することもできないから、実際に苦しいかどうかさえ分かりません。しかも、一歳で死んだ赤ちゃんも、百歳の大往生も、その人にとっては同じ一生です。看取った人にもかけがえのない命です。それでも、日常は死ぬということをほとんど忘れて暮らしています。

しかし、いい死に方をしたいというのも百まで生きたいということも、叶わぬ欲の一種です。いい死に方があるとすれば、せめてお連れ合いに「あなたと一緒でいい人生でした」「お前には苦労をかけたな」と、残る人に早めに感謝を伝えておくことです。

ここでとっておきの極楽直行券をお教えします。今晩からお休みの前に、必ず今日あったいいことだけを思い出してお休みください。そうすれば明日の朝、目覚めなくても安楽間違いなしです。

しかし、あの世ではほとんどの人が無職です。とくに戦後、エコノミックアニマルといわれ、産めよ、増やせよとがむしゃらに突っ走った人たちには、暇で手持ち無沙汰です。

そこで皆さんは老境に入ったら、あの世での自分の仕事を作っておいてください。

本当は自分の息子や孫がいいのですが、子どもは親の言うことを聞きませんし、孫は遠くでめったに会えません。ならば近所の子どもにお菓子をやったり声をかけたりして仲よくなり、頃合いを見て「毎朝見ているが、君は元気でいつも笑顔でいいな。わしは君が大好きだ。わしはもう年だから、いつかあの世に行くけれど、あの世から君を護っているからガンバレよ」と言っておいてください。

今の子は、学校で教わったとおりには物事が進まないので不安なのです。先生は「嘘をつくな、約束を守れ」と言うけれど、親は約束を守ったことがないし、大人は嘘ばっかりついているから、信じられないのです。だから、ランドセルにもカバンにもたくさん御守りを下げています。お守りがいるのは、世の中が見えないところで動いていると感じていて心配なのです。

見えない世界からでも知っている人が見てくれているのが心強いのです。かつては、運動会や学芸会の前に「手を合わせてお仏壇のご先祖さまにお願いしていくんだよ」と言われました。そうすることでご先祖さまに見守られていると感じ、上がらず、転ばず、力を出せたのです。

こうすると、この世に護ってあげる大事な人ができ、同時にあの世でしなくてはならない仕事までできます。そのうえ弔いの線香をあげにきてくれます。

病気の章でも言いましたが、日本人はとても「気」を大切にしてきました。「気」は天地生命すべてを動かしている波動＝エネルギーなのです。そして、呼吸はそれを効率よく体内に導きます。

人は生まれる時、狭い産道を出たら肺が膨らみ、自然に空気が肺に入ってきます。次の瞬間「オギャー」と泣いて初めて呼吸が始まり、命が時を刻み始めます。昔、泣かない時に赤ちゃんを逆さにして背中をたたいて泣かせていたのは、息を吐かせるためです。

では、皆さん方、死ぬ時はどっちでしょう。最後の息を吐いて死ぬか、吸って死ぬか。ほとんどの人はこの質問をされると迷います。私たちの目的は迷わず成仏することです。先ほど言ったように、息を吐いて人生が始まり、最後は息を吸って、吐けずに死にます。

お医者さんが看取ってくださった時代は、脈を取って「ただいま息を引き取られました」と言ってくださいました。今は心電図の波が平らになり、アラーム音が鳴って終わりです。

もしこの時、「ただいま息を吐き取られました」と言われたらどうします。掃《は》いて取るのはゴミです。ゴミは火葬場に持ち込めません。人は吐くことができる限り死にません。

では少し呼吸の練習をします。「呼」はよぶですから「吐く息」、吸は「すう」のでしょう。そうです、正しくは吐き切ってから吸います。実はこれが坐禅の息の仕方です。

元気をいただくには坐禅が一番

元気をいただくには坐禅が一番です。

坐禅は必ず禅寺で手ほどきを受けてから始めてください。ここでは家で行う坐禅の要点だけお教えしましょう。

まず静かな時間と場所を見つけます。電話も留守電にし、一定時間動かないと腹を決めます。空腹も満腹もノー、寒暖・明暗いずれも中ほどの部屋、ゆったりとした服装で、尻に敷く坐蒲《ざふ》（座布団を二つ折りにしたもので代用ができます）を用意し、「壁に向かって座る」のが曹洞禅の特徴です。

最初は落ち着きません。後ろに坊さんが立つと恐怖すら覚えます。ストーカーだって後ろからつけてくるから怖い。人は背中が無防備だからさらしたくないのです。その背をさらし、足を組んでしまうのは、何があっても立たない決意の表れです。この覚悟をして坐ると、あらゆる不安が去り、逆に世界が自分を包んでくれていることに気づきます。

次は姿勢と呼吸法です。どちらか一方の足を太ももの上にあげるのが半跏趺坐《はんかふざ》、両方とも組むのが結跏《けっか》趺坐。最初はあまりこだわらずに、痛い時は正座で結構。とにかく背筋を伸ばす、頭のてっぺんで天を突き上げる気持ちであごを引く。目は真っ直ぐで視線だけ一メートル前に落とすと仏の目（半眼）になります。

次に右手下・左手上で手のひらを上向きに重ね、両手の親指が軽くふれる程度にくっつけて楕円形にした法界定印《ほっかいじょういん》を、へそ下の丹田《たんでん》に置くと形が整います。

呼吸法は、まず思い切って口から二、三回息を吐き出す、入ってくる息は自然に任せて、口をしっかり閉め、鼻からに変えると腹式呼吸になります。このコツが分かると、いつでもどこでも禅定を味わうことができます。何カ所か訪ねて師僧を見つけ、坐禅の手ほどきを受けてください。

朝に礼拝、夕に感謝

第二次世界大戦から七十年、みんなで力を合わせて、こんなにいい日本を作り上げたのです。この七十年間、一人の戦死者も出さなかった国です。屈従外交だとか、金は出して人は出さない外交だとか言うけれど、私はものすごい外交をしてきたのではないかと思っています。人命を第一にして、あらゆる方法で、のらりくらりと難を避けてやってきたのではないかという気がしてならないのです。

アメリカだって黒人差別やプアホワイトなど、階級格差はひどいものでしょう。日本人で飢え死にする人がいたら、今は福祉行政の怠慢だとかいろいろいって、新聞の一面に載りますものね。これだけのユートピアを作り上げたその方々が、生きているか死んでいるかほとんど分からない生活をしている。死にたくはないけど、とりわけ生きていたくもない。もうあまりいいこともない、若い女性にもてるわけでもないし、今更何千万円も儲かりそうもないし……。

残念ながら、日本中から元気がなくなってしまいました。若い人は何のために働くのか分からない。働く気がしないから、引きこもりやニートになってしまうわけです。最も困るのは、子どもをつくる気にならない若者が増えたこと。子どもが減れば、年金が目減りします。お母さんも料理を作る気がないので亭主はしおれる。一億みんな気力喪失です。

昔、私たちがこんな世の中がきたらいいなという願いは、ほとんど叶ったのではないですか。うちの田舎では、刺身は全くダメ、肉が食えるのは年に二回でした。あのころのお年寄りはみんな言いました。「世の中が良くなって、刺身とは言わんが、この腿肉を一人一本食える時代が来ないものかな」。それが今やどこの法事にいっても、刺身はもちろん、鶏の腿がでんと皿にのっている。しかし誰も食わない。猫も食わない。

願いが叶って面白くなくなってしまいました。一生懸命頑張った人たちが今から楽しもうという時に、気力が枯れましたね。死に体ですね。かといって、枯れた生き方もできない。

元気の元《げん》というのは、実は天地万物が生成するおおもとで、元気はそこから出てくる気です。波動です。エネルギーなんです。私たちの頭から出てきます。だからこの元気の元というのは頭です。

健康な人は背筋が真っ直ぐです。健の字は人の中の建物、すなわち柱なんだという話をしましたね。だから背筋が真っ直ぐ伸びていなければなりません。その真っ直ぐな背筋の上に、気のおおもとの頭がドンとのっかると、健康で元気になります。胸が張り、背筋が伸びて、その上に頭がちゃんと坐ると、前かがみにならない。歩いても真っ直ぐ前を見ていけます。

これを昔の人は、お天道さまに背を向けて生きてはダメだと言いました。太陽に顔を向けていると、自然に生気が出てくるのです。やる気が出てくるのですよ。特に朝日と夕陽「朝に礼拝、夕に感謝」は日本人の心です。

この世は美しいと言って亡くなりたい

松原泰道先生という素晴らしい元気者を覚えていらっしゃるでしょう。「はかた南無の会」でも何度もお話をされ、事務局の三角弘之さんのはたらきで、松原先生の二十年間の講演録は『今まさになすべきこと』というご本になりました。

出版の相談を兼ねて三角さんが六十歳の定年ご挨拶に松原先生のお寺にお伺いした時、「僕が『般若心経入門』を書いたのは六十五歳だったよ」と言われたそうです。あの大ベストセラーが、先生の初めての出版だったのです、当時、仏教書がベストセラーになるなんて考えられなかった。『般若心経入門』は素晴らしい本です。私が初めて本を出したのが六十一歳。ベストセラーを出すのにまだ四年もあったんですが、人望もなく運も悪かった。それでも戦後初めて韓国で翻訳出版された『食禅食悟』では、韓国の大学に招待され、ソウルのお寺で金無垢等身大の釈迦像前の高座に座り、これも日本僧で初めて二百人以上の韓国人に拝まれてお説法ができました。

『あっと驚く仏教語』（二〇〇五年）も『和尚さん教えて』（二〇〇一年）も半年で六刷りを超えたのですが、出版社が両社とも倒産。ついていません。でも、懲りずに現在は「ホックブック山水」（ホック＝法鼓＝説法、法句＝釈尊の言葉を表題にした印施本シリーズ）という小冊子を発行して、総数二万五千部を超え、続けています。また、松原先生に勇気づけられて二十冊以上の本を出版し、何より寺報を毎月郵送千通、三十六年間続けて、四百号を超えました。

松原先生が南無の会を立ち上げられた当初から亡くなるまで三十年以上交流をいただきましたが、あの方はずっと変わらずお声が若々しく、艶があり色気がありました。いまだに素晴らしい方だと思っております。

「南無の心」から始まって「今日まさになすべきをなせ」まで、『今まさになすべきこと』の本の中に一貫して流れているのは「生きることはなんて素晴らしいのだろう」ということです。この世界はどうしてこんなに楽しいのだろう、ということを、松原先生はずっとお説きになっているのです。生きて人と会うことはこんなにも素晴らしい、幾つになっても楽しい、とおっしゃっています。

お釈迦さまは妻子を捨てる非情な出家をされ、難行苦行を克服して悟りをお開きになり、それから五十年間ずっとインド中をくまなく回られてお説法の旅を続けられました。しかし、過酷な自然と質素な生活のしわよせが、寄る年波と共に釈尊を襲いました。

八十を迎えたある日、故郷へ向かって最後の遊行の旅に出られます。二十五年拠点としたヴェーサーリーを離れる時「ああ、この世界は美しいものだし、人間の命は甘味なものだ」（中村元『ブッダ入門』春秋社）と賛嘆されます。この言葉こそ老境にさしかかった私たちにいただいた、最高の贈り物です。私もお二人にならって、死ぬ時に「この世は美しい」と言って亡くなりたいですね。それには多分、壮んに生きないとダメなのでしょう。やることをやってしまったという境地にならないと、世界が美しく見えないのでしょうね。

高見順の詩「樹木」にあるように、老いることは枯れることだと私は思うのです。

枯れて　生きる
生きて　枯れる
立派に枯れる為に　壮んに生きる

植物は死が近くなると枯れます。枯れるのは、水を吸い上げる力がなくなるからです。つまり、みずみずしさが消えていく。

私たちは神社にお参りをする時に、手水鉢を使います。あれは手を洗うのではなく、みずみずしい生気で神社にお参りするために、水で清めるのですね。

禊もそうです。身体を洗うわけではないのです。沐浴場には石鹸が置かれていないでしょう。身体をみずみずしくするだけでいいのです。生気をもってお参りをするためです。人も動物もこのみずみずしさを失った時に、生命が枯れます。それをもって、死を「けがれ」といったのです。

死は生気が失われることで、汚れという意味ではありません。立派に枯れるためには、私たちは日々大自然から生気を取り込まなくちゃならない。この生気を取り込む時が夜なのです。

だから夜に蛍光灯がこうこうとして、昼間が夜を犯してきた現代では、私たちは籠もる時間がないから、生気がどんどん削がれてくるのです。真っ暗な夜が訪れて静かに人が眠りにつくのは、身にエネルギーを蓄えるためなんです。だから夜は真っ暗でないといけないのです。

病は再生のチャンスです

死や病気も単に嫌うのではなくて、死の方はリセットですから戻れませんけど、病気のほうは気の病ですから、「気が弱っているのだな、生気が落ちているのだな」と気づいてください。休まなくてはならないのだと受け取ってください。

元気になるために籠もる必要があるのです。頑固な人だと叱ってでも寝せてないと、生気が戻らない。だから無理してきた人はかなり大きな病気にいきなりやられるのです。一年にいっぺんくらいリフレッシュのつもりで病気になったほうがいいのかもしれませんね。と、これは冗談ですけど。

実は日本人は、死もフレッシュの時だ、籠もりの時だと考えました。籠もることをとても大事にしたのです。

なぜ死が籠もりなのかというと、死は再生のチャンスだからです。死ぬことは次の生命が育つことなのです。兼好法師は、人間は四十くらいで死ぬのが望ましいと『徒然草』で言っています。人生五十年の時代の四十歳です。今は人生八十年ですから、大体六十歳くらいでしょうか。

どういうわけか、みんな少し勘違いしているところがあります。いつまでも現役をやってられますか。やっていては、後が育たないでしょう。読売ジャイアンツも長嶋茂雄さんをちょっと使い過ぎだったと思います。「生涯現役、楽しい老後」というけれど、老後が楽しいわけがないです。

私が横浜の總持寺《そうじじ》にいたころに、あるおばあちゃんが三千万円を風呂敷に包んで持ってきました。受付係がビックリして飛んできたので行ってみたら、札束を前にうろうろしているのです。私はおばあちゃんからいろいろお話を聞きました。

おじいちゃんと新潟から東京に出てきて、一生懸命頑張って、目白に家を建てた。二人の子どもも大きくなって、これから夫婦二人で悠々自適に暮らそうとした矢先に、おじいちゃんが先に亡くなってしまった。昔、銀座の靴屋さんの前を通った時に、真っ赤なハイヒールがあって、「いつか儲かったら、あれを買ってね」と、おじいちゃんにおねだりしたことがあった。今だったらそんなもの何百足だって買えるのだけど、ちっとも嬉しくない。あっちこっちお寺に行ったけれど、このお金を受け取ってもらえない、ここだったら大きい寺だから大丈夫だろうというのです。

楽しい老後なんて嘘っぱちです。

ボケられたら最高ですが

「老年パワー」という言葉もありますが、年をとって力が出るわけがありません。力が落ちるだけなのに、うまいこと乗せられて働かされているのではないですか。

日本がそうですね。ほかの先進国もみんな昔は走っていました。ソビエトもアメリカも、イギリスも走っていた、フランスもイタリア、ドイツも走っていた。しばらくしてひょっと見たら、日本は先頭を走っていて、それをかってのライバル国みんなが観客席で見ているのです。そんな感じではないですか。だって今まで、ほとんどの日本人が走ることしか知らなかったもの。皆さん方もご夫婦二人で楽しむなんていうことは、ずっとしてこなかったでしょう。奥さんのことはほとんど考えてきませんでしたね。俺が食わしてやっているからいいんだって。それでは捨てられて当然です。

今は「人生八十年」と言いますけれど、自分の努力で八十年になったわけではないでしょう。身体を鍛えて寿命が延びたわけではありません。ただ死ななかったからそうなっただけ。老眼鏡も今は進歩し、坊さんの頭と一緒で、境目がないから見やすくなっただけ。視力がよくなったわけじゃない。

昔の五十代と比べたら、今は比べようがないくらい体力は落ちています。何を楽しむのですか、これから三十年。体もどんどん不自由になり、あまり楽しいこともない。子どもたちは出て行った。そういう世界を生きていかなくてはならないのです。

生き甲斐のあることを見つける

世間は高齢者にお金を使って欲しいから、「老後の楽しみに趣味を持ちましょう」なんてことを言っています。趣味が生き甲斐になるでしょうか。プロ並みにうまくなれば、あるいは、人に教えられるくらいに、売れるくらいになれば、趣味もいいでしょう。

今から生きがいになることをやろうと思うならば、ボランティアです。ボランティアは、素人でもできます。かつての日本人は最高のボランティアをやっていたのですよ。それは親孝行、先祖祭祀という奉仕です。それがなくなりました。

鎌倉時代は、生と死が密着していました。生きるものと死ぬものが並行していた。しかも武士が台頭してきて戦に駆り立てられる。病にかかったら、ほとんどの人が死んでいく。病と死が接近していたのです。

お寺にも七五三のお参りがあります。昔は戸籍をお寺が持っていました。赤ちゃんが生まれても、なかなか育たない時代のことです。曹洞宗の場合、女の子が三歳まで生きていたら、「未来帳」という帳簿に書きます。三歳ぐらいでは、まだ名前も付けてないから、誰々の娘としか書きません。男の子は女の子に比べて弱いので、五歳で祝います。七歳で男女席を同じゅうせず。一人前の人間として認められて、「現在帳」という戸籍に入れて名前がつくのです。

「命長ければ恥多し」と兼好法師が荘子の言葉を引用しています。これから私たちは恥をかくばっかりです。ただ、ちょっとのことでは動じなくなっているから、ありがたい。これから体力も気力もなくしたうえに、孫曾孫に囲まれる夢や、立派な墓に名が刻まれる希望も消えて、それでもまだ生きていなくてはなりません。

そこで、健康でいつまでも明るく元気で生きていることが絶対の善である、という妄想に惑わされないでいただきたい。そんなに恵まれた人がたくさんいるはずはありません。たまたまそうなったらラッキーなことです。

年をとるにしたがい不健康の度合いの方が高くなります。そうでしょう。収入も背も高くないけど、血糖値は高いし、血圧も高いでしょう。心臓もまいっています。それなのに、長生きすることだけが素晴らしいことだと強調される今の時代を、私は危ないなと思うのです。

人間も動物の一員です。後つぎができたらといって、速やかに去るというわけにもいきませんでしょうから、せめて枯れてきたら、後進に先を譲ることを考えましょう。

うちの猫も死が近づいたら、いなくなりました。どこへ行ったかな、だいぶ弱っていたなと思っていましたが、飼い主の目の付かないところで死んでいました。まず食が細くなって食べなくなる。その次にはあまり動かなくなり、隅っこの方にいくのです。次の世代がのさばれるようにと。

私がこういうことを言い出したのは、自分が七十歳になったからです。私も人間に生まれてきて、大概することは済ませました。もう何も怖くないので言います。

鮎だって産卵したら全部死にます。オスもメスも。鮭だってそうです。三年も四年も太平洋を泳ぎ回って、最後に故郷の川で子孫を残して死ぬ。カマキリなんて交尾中に食われてしまうオスもいますからね。だけどあれは身の処し方としては最高です。ちゃんと後の子どもを育てる栄養になって死ぬのですから。

ところが、人間だけは子育てが終わっても、子を年金で養わなければならないでしょう。子孫を残す役目を終えても、まだ頑張っていなければならない。女性にもてたとしても、若い奥さんは養えませんよね。

生きたくなくても生きなくてはならないのです。ガンの末期だろうが、寝たきりだろうが、植物状態でも、延命治療をほどこされるのです。いらないと言っても、リンゲルを打たれる、輸血をされる。この前、延命治療を見直そうという記事が新聞に出ていました。でも本当は還暦を迎えたら、そっと生きること、身の丈に合わせて生きることを、もう一度考えたいですね。隅っこにいると、「まあ、お父さん、そんな隅にいないで、もうちょっとこっちへ出てきなさいよ」と若い者が言ってくれます。そういう世界もいいなって、選択肢に入れておいてください。

枯れるとは、世を捨てるとか、生き方を弱めるとかという意味で言っているのではありません。世間が要求している明るくて元気な老後から離れて、その人なりの生き方で、もうちょっと自由になりましょうということです。年を取ったら、汚くてもいいじゃないか、衰えていいじゃないか、努力して頑張って前向きになんて、そんなことは知ったことか、とね。

これから先はそんなことに気を使わないで「後はよろしく頼むよ」と言っていい。それで後継者にバトンタッチができるのです。

昔に戻ればいい？

そう言うと、皆さんすぐに「先立つものがない」と言われます。ところがこれまでの日本人は、高齢になったら先立つものがいらないような生き方をしてきたのです。

どうすればいいのでしょうか。昔に戻ればいいのですが、戻れるでしょうか。

私が幼いころ、家に水道がなかったから、五右衛門風呂を満たすのに往復百メートルくらい下の川まで水を汲みに行っていました。子どもの時に天秤棒で水を運んだせいか、背が伸びませんでした。今やれと言われると、ぞっとします。今は蛇口をひねればお湯も出れば水も出ます。昔には戻れません。でも、戻れるところまでは戻りましょう。

寺の奥には鹿川《ししがわ》といって祖母《そぼ》傾《かたむき》国定公園の峡谷があります。そこは隠れた名水の山里です。実は水道もその名水と同じ水質の川から来ています。何度も水質日本一に選ばれた清流五ヶ瀬川には尺鮎がいます。三つの原発からも遠く、ＰＭ２・５だって九州山脈が防いでくれます。

難点は、今ある町内の病院がいつまで続くか分からないこと。なので持病のある方は厳しいですが、それでも昔ながらに、死ぬ時が来たら死ねるという、今では得がたい選択ができると思えば、どうにかなります。故郷に帰るのも、田舎に移住するのも昔に戻る近道です。

私の父親はとても偉かったなと思います。本物の禅僧なんですね。住職の席を私に譲ったら、さっさと私の下働きを始めました。檀家さんのお卒塔婆を書いて、お寺の法要の時には、その段取りを全部とってくれた。いい伝導句を書いて、門前に張り出すのも全部やってくれました。

禅寺の隠居を「東堂《とうどう》」と言います。隠居後は東の方のお堂に住まうことから、この名がつきました。そうして寺のことを大所高所から見てくれるのです。後に来るものを導いて見守る。経験を積んだ者にしかできない役職ですから、禅寺では東堂さんを大切にします。

親鸞さまは「非僧非俗」と宣言されて、結婚されました。そして、お坊さんではないから、もうお布施はいりませんと断られたのです。これが大事なのです。だから世間から離れて、仏法も超えて自由になられた。

皆さん方は六十を超えたら、もう〝国家公務員〟です。寝ていても年金がもらえます。朝、目覚めさえしたら、多い人で七、八枚の〝野口英世（千円札）〟が降ってきます。お上は昔から取り上げて返さないものなんです。そのお上がただでくれるようなものです。これほどいい世の中に住んでいて、何でこんなに生気のない顔をしているのですか。私もこの前、確定申告しましたら、十五万円くらい戻ってきました。お上がくれると嬉しいですね。高齢者医療も一部有料になりましたが、これがいつまで続くか分かりません。介護保険も天引きされ、年金も目減りする一方です。それでもまだくれるだけましです。

昔の人は隠居したら金儲けをやめた。その代わりに村のまとめ役になって、祭りのことからもめ事の仲裁までしました。同時に、薪拾い、牛養い、風呂焚きなどの下働きも、出来ることを死ぬ間際までやりました。しかし現代の私たちは、ゴルフだ、旅行だと、遊ぶことばかり、ましてやタダ働きなどはしたくもない。

食欲も色欲も物欲も本能として身体に備わっていますので、年とともに自然に消えていき、ぎらぎらしなくなります。でも、最後に残るのが名誉欲でしょう。私の知っている人に、八十歳になっても子ども会の会長をやっている人がいます。これはこれで、すごく楽しいですね。

名誉欲より困るのが、恨みとかつらみ、妬み、ひがみという心の病がだんだん出てくることです。生気がバリバリしている時には出てこないのですが、生気が弱ってくると、こういう執着が巣食ってくるようになるのです。これを捨てるためには忘れないといけません。枯れるとは、過去を捨てるということです。

そろそろ捨て始めよう

命がなくなる前に物を捨て始めてください。持っているものが多すぎて間に合わないと思わずに、今日からでも、いらない物は買わないように。そして使える物はどんどんいる人にあげてください。喜んでくれるうちにあげた方がいいですよ。

私も昔から整理整頓が苦手です。捨てられないからです。なぜ捨てられないか。それははっきり言えばケチだからです。

時々、妻が見かねて、私の部屋に査察に入ります。追い出されて、二時間ぐらいかけて掃除をすると、ビックリするほど綺麗になっているのです。そして、「これはいるものかどうか私には判断が付きませんので、あなたが選んでくださいね」と、どかっと渡されるのです。それを見たら、自分がいると思い込んでいただけで、実際はいらないものがこれだけあったのかと思います。

捨てることは「今必要なもの以外はいらない」こと、つまり今必要なものは何なのかを私に教えてくれるのです。今年はさすがに十年日記を買うことを躊躇しましたが、自分に義務を課すつもりで買いました。

孔子は「十有《ゆう》五にして学に志す。三十にして立つ。四十にして惑わず。五十にして天命を知る。六十にして耳順《したが》う。七十にして心の欲する所に従って、矩《のり》を踰《こ》えず」と言いました。つまり五十からの人生、天命を知って耳に順うとは、自分を離れ、天や宇宙、神仏などの大きな摂理に自分を委ねましょう、ということです。悪あがきはもうやめましょう。

人間は二度死ぬ

季節が冬になり籠もりの時期に入ると、最初にその年の収穫をみんなで食べて、籠もりのための力付けをしました。だからお正月には真っ先にお餅をつくのです。

そして立春が来ると、芽立ちが始まります。よみがえりです。そこで今度は籠もりから芽生えに移るわけです。そういう時には神人同食、神仏と共に同じものを食べて連帯感が生まれます。その時に気をいただくのです。大自然の気を自分の中に取り込むのです。供養の字を見てください。いいものを食べて、人が共に美しく良くなると書きます。それは私たちが仏さまのお力をいただくこと、ご先祖さまのお力を日々思い出すということです。

老後の日本人の生き方は、飾りを捨て去った美「わびさび」が理想です。陽にさらし水にさらしてアクをとり、本来の素地を見せていくのです。

これからは、もう片意地張る必要はないと思います。仏教で言えば、輪廻《りんね》を離れて浄土という仏国土へ転生《てんしょう》いたします。輪廻転生です。そのためにも、この世の垢を落としてしまわなければならないと思います。

私たちは休息の中、籠もりの中に入ります。そうすると次に必ず子孫が再生するのです。いつの日か、受け継いでくれた者たちが、私たちの生きてきたことを立派に継いでくれるのだと思います。

人は、二度死ぬのだそうです。最初の死は医者が決めます。昔は坊さんが先に決めていて、坊さんが「喝《かつ》！」と言わないと死んだことにならなかったのです。それまでは生きているものとして扱いました。だから戒名は死んだ人に授けるのではなく、生前に戒を受ける機会がなかった人に対して、生きていると見なして差し上げるのです。つまり戒名をつけて「喝」と言って初めて、死んだとみなされました。

今は死を決定するのが医者だから、体が誰の役にも立たなくなったら死んだということになります。臓器が無駄になる前に役に立てた方がいいなら、医者が死んだと言ったら、すぐに全部の臓器を提供して利用してもらうことを生前に決めておけばいい。臓器が無駄になるという経済的な理由で死の基準を変えたあたりから、どうも日本という国はおかしな方向へ行くようになったと、私は考えています。

医学的な死が訪れても心臓が動いていれば、どうしても私たちはまだその人が死んだ気がしないのです。キリスト教的な死生観を日本人は持っていないのです。だから、初七日を過ぎ、四十九日が終わり、ああそうだ、もう骨も拾ったのだ、と何度も何度も思い返して、そのうちに身体や気持ちが故人がいないことに慣れて初めて忘れる時が来るわけです。無理やり忘れさせようとはしませんでした。それが私たちの心の有様です。

この「忘れ去られる」ことが、二度目の死です。一つひとつ仏事をしていきながら、納得しながら自然に別れていけます。故人は素晴らしい何かになったのだなあという思いを、自分の中で強くしていくことができるのです。

お寺へ行こう、死んでからでは遅い

今は、残念ながら、生きているのに死んでいる人がいっぱいいます。忘れ去られたまま生きています。忘れ去られるほうが死ぬより前なのです。これは家庭の中でも起こっています。熟年離婚を切り出されて、妻が大事だったことに気づく。暴力を振るうようになって、子どもも一人前の人間だと知る。こんなおかしな世の中になってしまったのです。

家族にさえ忘れられ死んでも死に切れないという気持ちをかかえて老後を過ごしているのに、それを受け止めてくれる医者はいませんし、理解してくれる神主や住職も少ないのです。また、皆さん方もお寺に飛び込めないようです。騙されないかしら、金を取られないかしら、信仰していなかったからどうコネクトを取ったらいいのかわからない、お寺に行ったことがない等々。でも、お寺は大丈夫ですよ。

人生は未知への航海です。年とともに自分の判断が鈍ってくるから、人に判断や助言を仰いだ方がいいのです。耳に順《したが》いましょう。まずお連れ合いの言うことを聞いてください、そして最後に神仏の声を聴いて子どもに伝えてください。この世に残す自分の身と心の置き所を、どうぞ元気なうちに定めてください。

大分にいらっしゃる曹洞宗の無着成恭《むちゃくせいきょう》先生は、寺報に「お寺は生きているうちに来るところです。死んでからでは遅い」と書かれていました。まさにその通りで、私は友達の医者から「元気なうちに医者にかかれ。病気になってからだと手遅れだぞ」と言われました。これもなるほど、納得しました。さらに私は言い添えます。「和尚は生きているうちに頼ってください。死んでからだと高くつきます」。

私たち日本人は、季節の変わり目、人生の変わり目、節目、節目で大きな気を、大自然から、宇宙から、いただいて生きてきました。そういうものを明日のエネルギーにして、辛いこと苦しいことは必ずそれに耐え、次の世代を育むことによって、もっと大きな命のよみがえりをいただくという継続の中で、この国を作り上げてきました。そのことを知っておいていただきたいと思います。

【老いの作法の要点】

苦行を捨てて、悟りを開かれた釈尊

——特殊な苦行林を離れて平静な心で悟られたから、普通の人も悟りを得られる教えに仏教がなった。

死をむやみに恐れるな

——死は自分で体験できないので、苦か楽かさえ分からないから、精一杯生きよう。

一歳も百寿も同じ一生

——自分だけしか体験できない自分の人生だから、幸不幸を人と比べる必要はない。

吐く息で人生が始まり、吸って吐けずに死にます

——吐いた息は必ず戻る。坐禅ではこの呼吸の大原則から、吐く息を大事にする。

壁に向かって坐るのが曹洞禅の特徴

——背中をさらして坐ると外の世界が優しくなる。今まで大自然に護られてきたと納得できる。

この世が終われば再生の時がくる

——死は籠もり。釈尊のように「この世は美しい」と終わることができれば、安らかな世界に入れる。

［仏教語から出た言葉］だらしない

「だらしない」とは「みっともない、しまりがない」の意ですが、「ふしだら」となると、特に男女関係がルーズなことを指します。

この「だらしない」と「ふしだら」、よく似ていると思いませんか。実はダラシはシダラの逆さ言葉です。逆さ言葉は業界用語や隠語に多く、他人に知られたくないグループ内の言葉を逆さまにしたものです。

シダラは修多羅《しゅたら》という梵語で「お経」のことですが、「経」はレイのように花を繋ぐ縦糸のことで、シュロの葉に書かれた聖句を連ねた教本です。さらにお経は、法事などで読む仏説や教えを書いた「経」と、僧としての戒めや僧院での規則を記した「律」にわけられます。この律から規則正しくない「フシダラ」やモラルがない「だらしない」という言葉ができました。

釈尊の当時は、まだ広汎に使われる文字がありませんでした。それでも釈尊のお話は、要点を整理した歌や詩の形で暗記され、口伝えで広がりました。そのため、釈尊が亡くなると、弟子ごとに「俺はこう聞いた」「自分はこう聞いた」と収拾がつきません。教団を継いだ大迦葉は羅漢《らかん》たちを集めましたが、いちばん教えを聞いた阿難が悟っていなくて会議が開けません。大急ぎで集中講義をし、羅漢になった阿難を加えてお経の編纂をしました。

それで多くのお経は「如是我聞《にょぜがもん》＝私は確かにそう聞きました」という阿難の証明から始まるのです。

握り仏ただいま誕生

昌竜寺は肥後国と日向国を結ぶ「肥後街道」の日之影町舟の尾にあります。

神話でのこの地は、神武天皇出兵の折、高千穂を夜明け前に発たれて、ちょうど朝日の出を迎えられ「日の影《ひかり》のさしたところ（日之影《ひのかげ》）」と名づけられました。カゲは明暗二つからなります。暗い方が「陰」、明るい方が「影」です。さらに歩を進め舟の尾に至ったころ、五ヶ瀬川から湧き上がる霧が寺のある台地を囲み、さながら大海に突き出た舟の艫に見えました。そこからこの名がついたと伝えられています。

時が移って十七世紀初頭、延岡藩は高千穂郷経営の拠点を舟の尾に置きました。代官所を設け、八戸にあった薬現寺を移転、曹洞宗昌竜寺を建て台雲寺末としました。門前の道は切石で舗装され、「日向往還」とも呼ばれて賑わいました。種田山頭火も、門前を延岡に向かって下ったことでしょう。

古来、高千穂郷は秘境であり聖地でした。平家の落人も、大友キリシタン、薩摩念仏も尾根を伝ってこの地に隠れました。町内にもそれをうかがわせる痕跡が残っています。ある旧家にお伺いした時、大きな仏壇の奥に煤けて真っ黒の小さな仏像が数体納められていました。

私の問いに、白髪でふくよかな老婆は、懐かしげなまなざしで由来を語ってくれました。

平安の貴族の生きのこり策は娘を権力者に嫁がせることでした。多くは敵方に嫁入りします。嫁ぎ先の仏壇はその家先祖代々で、悩み一つ願い一つ言えません。そこで娘の不憫《ふびん》をいやすため、親は小さな仏像を持たせました。

源氏に追われてこの辺境の山奥に隠れた時、嫁入りに持たせる黄金仏はもうありません。そこで手作りの小仏を持たせました。辛い時にそれを握りしめ、悲しい時に語りかけ、その家の子を持つまで耐えたのです。この「握り仏」は自分だけの仏ですから、願わなくても分かってくださっている仏です。

それを昌竜寺が九州四十九院薬師十九番札所になった時、和田滋氏が一刀彫りで復元してくださいました。

白隠禅師は「神仏に願うな」と言われます。なぜなら願いにはいつも欲が入っているから、願った結果が幸せとは限らないのです。宝くじの高額当選者で幸せになった人がいないのも道理です。

「握り仏」は特に病気の方に喜ばれます。なぜなら、痛み一つ、不安はなおさら、医者にも家族にも伝えられません。大部屋でも病人は孤独です。しかし「握り仏」は自分自身です。仏と一体になれるのです。不治の病の人も、長距離の運転手も、記録との戦いをするスポーツ選手も喜んで受けていきます。失くしてもオリジナルナンバーが打ってありますので、同じナンバーで再発行します。昌竜寺までお問い合わせください。

あとがき

四回の講演録を最後までお読みいただき、ありがとうございました。

十年ほど前「人間を経営する会」で四カ月にわたって講演した原稿を、現在に合わせて補正し終えた時、恐ろしいテロが起こってしまいました。「9・11」の悪夢を再現する衝撃の「パリ同時テロ」のニュースが報じられ「イスラム国」が犯行声明を出しました。死者百二十九名、九十九名重体と、たった三十三分間の出来事です。フランスのオルランド大統領は「戦争だ」と叫びました。

私は再び大戦末期の特攻を思い浮かべました。お寺のすぐ下の家に、鹿屋基地から飛び立った兵士の墓があります。物資もなく打つ手もなくなった日本軍が捨て鉢で命じた非情な特攻。命を捨てねばならなかった兵隊の無念さに憤りを禁じ得ませんが、現代の二つの自爆テロは、狂気の神と化した個人を誰も防げない空しさでいっぱいです。自爆テロが巨大な権力に立ち向かう、弱者の最強の武器でもあることが無念です。

思えば「怨みは怨みによって止まず、怨みをすててこそ息《や》む」という釈尊の、自爆とは逆の〝自己抑制〟こそ、仏教と神道が融和して二千年の平和を築いた「日本の和の心」です。私たちにはこれをどうすれば伝えられるのか、真剣に考えなければなりません。

この大きな事件のちょっと前、今までになかった事故が起こりました。宮崎市の繁華街の歩道を七百メートルも車を走らせて、二人死亡、四人に重軽傷を負わせた事件です。事故を起こしたのは病気治療中の老人で、発作によって本人に罪の意識が欠けていたと報じられた小さい事件ながら、この二つの事件から、私は今社会が抱えている底知れぬ恐ろしさを感じるのです。

人間というちっぽけな動物が集団をつくり、自然を変え、文化を伝えて、密接に助け合うことで大きな繁栄を築きました。それが、集団の中で孤立して疎外されていく時、その個は逆恨みのがん細胞となって周りの全てを破壊してしまいます。しかし、世界はこのがん細胞を直す手立てを知りません。さらに戦うだけでは解決しないことも歴史の示す通りです。

ただ、元々同じ共同体ですからきっとかばい込む、また細胞自身が身を処す術を持っているのではと思います。それには周りの細胞が、毒された細胞を癒やし、愛をもって包み込む力を持たねばなりません。そうすれば、孤独・孤食・孤立の中で人格が崩壊していく日本人をも救うことになると思います。

トルコを旅した時、大家族の温かくて賑やかで、異邦人を開けっぴろげでもてなす、開放的なイスラムの人々に接しました。

「イスラム」とはアラビア語で「平和」の意味があります。アッラーが無差別に殺した死体の生贄《いけにえ》を喜ぶとは到底思えません。

著者

二〇一六年二月

＊「人間を経営する会」は一九九八年から十年間、株式会社はせがわ主催・はかた南無の会の企画で開催した経営者向けの仏教勉強会です。

本書は、次の講演まとめたものです。

「死の作法」平成19年1月25日

「愛の作法」平成19年2月22日

「病の作法」平成19年3月29日

「老いの作法」平成19年4月19日

なお、書籍化にあたり大幅に加筆・訂正しました。

霊元丈法（よしもと・じょうほう）

元・曹洞宗大本山總持寺布教部長。宮崎県昌龍寺住職。九州四十九院薬師霊場会会長。

1946年（昭和21年）宮崎県生まれ。京都大学文学部卒業。大本山永平寺安居。

九州で最初の南無の会を立ち上げ、延岡南無の会会長。總持寺役寮・曹洞宗九州管区布教師・道元禅師大遠忌文化委員などを歴任。

主著『あっと驚く仏教語』『和尚さん教えて』『食禅食悟』『道元・螢山両祖のことば』他。

日本人《にほんじん》の作法《さほう》

■

2016年３月17日　第１刷発行

■

著者　霊元丈法

発行者　杉本雅子

発行所　有限会社海鳥社

〒812-0023　福岡市博多区奈良屋町13番４号

電話092(272)0120　FAX092(272)0121

印刷・製本　九州コンピュータ印刷

ISBN 978-4-87415-972-9

http://kaichosha-f.co.jp/

［定価は表紙カバーに表示］